Patrick Spät

Die Freiheit nehm ich dir

Rotpunktverlag.

DIE FREIHEIT NEHM ICH DIR

Patrick Spät

11 Kehrseiten des Kapitalismus

Der Autor dankt der Rosa-Luxemburg-Stiftung für die finanzielle Unterstützung bei der Arbeit an diesem Buch.

FSC www.fsc.org
MIX
Papier aus verantwortungsvollen Quellen
FSC® C014889

www.rotpunktverlag.ch

Umschlaggestaltung & Satz: Ulrike Groeger
Druck & Bindung: Friedrich Pustet, Regensburg
ISBN 978-3-85869-707-3
2. Auflage 2016

Inhalt

EINLEITUNG

*»Rebellion ist wie dieser Schmetterling,
der auf das Meer ohne Insel oder Felsen zuhält.
Er weiß, dass er keinen Platz zum Landen hat,
aber dennoch zögert er nicht zu fliegen.
Und nein, weder der Schmetterling noch die
Rebellion sind dumm oder selbstmörderisch, es
ist nur so, dass sie wissen, dass sie doch etwas
haben werden, wo sie landen können, weil
in dieser Richtung eine kleine Insel liegt, die
noch kein Satellit entdeckt hat.«*

SUBCOMANDANTE MARCOS[1]

Die Werbung will uns weismachen, dass wir mit dem Kauf einer Packung Pampers Kinder in Afrika retten. Die Politik behauptet, die Lage sei »alternativlos« und wir müssten eine bittere Pille nach der anderen halt einfach schlucken. Von den Stammtischen und den Pegida-Demonstrationen grölt es uns entgegen, das Boot sei voll und »schuld an allem« seien sowieso »die Ausländer«. Unsere Eltern sind der Meinung, dass früher, zu Zeiten der Sozialen Marktwirtschaft, »alles besser« gewesen sei. Die Manager behaupten, der Kapitalismus bringe »Wohlstand für alle«, und meinen damit vor allem sich selbst.

Alles Mumpitz! Der Kapitalismus ist nicht die Lösung des Problems, sondern seine Ursache. Der Kapitalismus funktioniert nicht – beziehungsweise er funktioniert natürlich bestens für die Banken und die Reichen. Aber er funktioniert nicht für die Armen und Ärmsten – die Tellerwäscher werden keine Millionäre, sondern für immer und ewig die Drecksarbeit machen und Tellerwäscher bleiben.

Dieses Buch handelt von den Lügen, die wir tagtäglich aufgetischt bekommen. Genauer: Es geht darum, ein paar der »Mythen« des Kapitalismus unter die Lupe zu nehmen und zu sezieren. Eine kleine Operation am offenen Herzen des Dauerpatienten Kapitalismus, dessen Herzinfarkt im Jahr 2008 alle ein wenig aufgeschreckt, aber offensichtlich doch nur wenig verändert hat.

Wer verstehen will, wie die Welt funktioniert, muss den Kapitalismus verstehen. Wer die Gesellschaft verstehen oder verändern will, muss die Eigentumsverhältnisse verstehen oder verändern. Denn die Eigentumsverhältnisse bestimmen fast alle anderen Verhältnisse einer Gesellschaft. Dabei geht's nicht um die Kaffeetasse oder den Kühlschrank, den man besitzt, sondern vorrangig um Eigentum im großen Stil, also vor allem um die sogenannten Produktionsmittel, wie etwa Anbauflächen, Rohstoffe, Grundstücke, Infrastruktur, Maschinen, Fabriken, Werkzeuge, Roboter, Rechenzentren, Server und Ähnliches. Wer immer von sich behaupten kann: »Ich habe was, was du nicht hast«, der hat die Oberhand, der kann andere für sich schuften lassen, der kann Mensch und Natur ausbeuten. Das ist keine Theorie, sondern jahrhundertelange Praxis. Leider.

Im Grunde wird ein Ausdruck wie »soziale Ungerechtigkeit« dem Elend dieser Welt gar nicht gerecht. Und auch der Begriff Kapitalismus ähnelt einer komprimierten ZIP-Datei; wenn man sie entpackt, zeigt der globale Kapitalismus seine hässliche Fratze ganz unverblümt angesichts von Hunger, Kriegen, Rassismus, Patriarchat, Massenarbeitslosigkeit und Umweltzerstörung. Man muss da gar nicht ins volkswirtschaftliche Detail gehen und endlose Tabellen und Statistiken heranziehen. Kurzum: Man muss keine Eier legen können, um zu merken, ob eins faul ist.

Kapitalismus heißt: Ein paar wenige bereichern sich, während ein großer Teil der Menschheit in den Trümmern einer ausgebeuteten Welt lebt. Fünfzehn Minuten Nachrichten genügen, um das Elend zwar nur ausschnittweise, aber ausreichend zu erblicken. Die Fratze des Kapitalismus ist überall und jederzeit sichtbar, man muss nur hinschauen. Deshalb braucht es keine übertrieben verschwurbelte Theorie, die Realität spricht für sich: Der Kapitalismus funktioniert nicht! Der Kapitalismus ist menschenfeindlich!

Vor allen sozialpolitischen Veränderungen steht der Bewusstseinswandel. Wir müssen uns darüber klarwerden, was Kapitalismus eigentlich bedeutet, wie er blutig entstanden ist und wie er sich gewaltsam am Leben hält. Nur dann sind wir in der Lage, den Kapitalismus auf der Müllhalde der Geschichte zu entsorgen und eine bessere Welt aufzubauen. Das wird schwierig genug, ja es ist völlig unklar, ob das überhaupt je gelingen wird: »Es ist inzwischen einfacher, sich das Ende der Welt vorzustellen als das Ende des Kapitalismus«, beklagte der US-amerikanische Kulturtheoretiker Fredric Jameson. Aber vielleicht schimmert am Ende des kapitalistischen Tunnels doch eine Utopie, die auf einer ganz bodenständigen Tatsache aufbaut: Der Kapitalismus ist von Menschen gemacht und deshalb kann er auch von Menschen überwunden werden.

1 Subcomandante Marcos in einem Brief vom 12. Oktober 2002 an »El Ruso« alias Ángel Luis Lara.

DER KAPITALISMUS HAT SICH FRIEDLICH ENTWICKELT – ODER:

ICH HABE WAS, WAS DU NICHT HAST

»Wo hat der Bürger alles her:
den Geldsack und das Schießgewehr?
Er stiehlt es grad wie wir.
Bloß macht man uns das Stehlen schwer.
Doch er kriegt mehr als sein Begehr.
Er schröpft dazu die Taschen leer
von allem Arbeitstier.«

ERICH MÜHSAM[1]

Es ist ein weitverbreiteter Mythos, dass sich der Kapitalismus friedlich entwickelt habe. So steht in etlichen historischen Abhandlungen und praktisch in allen Schulbüchern, dass der Wechsel vom Mittelalter zur Neuzeit, als sich im Norditalien des 13. Jahrhunderts das moderne Kreditwesen entwickelte, quasi ein reibungsloser und unausweichlicher Selbstläufer war.[2] Natürlich beflügelte es den Geld- und Warenverkehr, als die Händler in Florenz, Venedig und anderen Städten damit begannen, Zinsen zu erheben und mit Schuldscheinen zu wirtschaften. Es gibt aber auch einen anderen, einen blutigen Zeitpunkt, an dem sich der Beginn des Kapitalismus festmachen lässt: der »Allmende-Raub«. An ihm lässt sich zeigen, wie wir wurden, was wir heute sind: Lohnarbeiter, die den Profit von Unternehmen mehren. Landlose, die von Großkonzernen drangsaliert werden. Besitzlose, die keine Verfügungsgewalt haben über Grundstücke, Anbauflächen, Wasserquellen und Fabriken.

Die Großkonzerne Nestlé, Danone, Coca Cola und Pepsi sind auf Beutefang. Seit ein paar Jahren kaufen sie im großen Stil Wasserquellen in Afrika, Asien und Südamerika auf. Die dort lebenden Menschen konnten die freien Wasserquellen zuvor problemlos nutzen. Jetzt hungern und dursten die einen, während die anderen für Hungerlöhne in den Wasserabfüllanlagen schuften müssen, um sich dann das vormals freie Wasser in PET-Flaschen zurückzukaufen. Nestlé besitzt 73 Wassermarken, darunter Perrier, San Pellegrino, Vittel, Poland Spring, das beliebteste Mineralwasser in den USA, und Pure Life, das weltweit am meisten getrunkene Flaschenwasser. Pure Life ist lediglich gereinigtes Grundwasser. Nestlé verdient mit in Flaschen abgefülltem Wasser jährlich rund 11 Milliarden Schweizer Franken (9 Milliarden Euro).

Parallel zum Water Grabbing grassiert weltweit das Land Grabbing: Kleinbäuerinnen und -bauern verlieren ihr Land an Großkonzerne und Staaten, die alles aufkaufen, was ihnen vor die Flinte läuft. Über 1,6 Milliarden Menschen leben weltweit in kleinbäuerlichen Strukturen, die allermeisten von ihnen sind von Allmenden in Gemeinschaftsbesitz abhängig. Doch allein zwischen 2001 und 2011 wurden weltweit 227 Millionen Hektar Ackerland von Investoren aufgekauft. Zum Vergleich: Europa verfügt insgesamt über 170 Millionen Hektar Ackerland. Jeden Tag verlieren Kleinbauern rund 7000 Hektar an die Agrarindustrie – das entspricht 10000 Fußballfeldern.[3] Oft werden sie mit Gewalt von ihrem Land vertrieben, ihre Häuser werden niedergebrannt, und sollten sie es wagen, Widerstand zu leisten, werden sie mit dem Tod bedroht.

Vor rund 500 Jahren spielte sich die gleiche Geschichte schon einmal ab: Ab dem 15. Jahrhundert eigneten sich die weltlichen Landherren im Deutschen Reich und vor allem auch in England die Gemeindeflächen an. Die Allmende, also das vormals gemeinschaftliche Eigentum, wurde der Bevölkerung gewaltsam entrissen. Fortan gab es keine freien Wasserbrunnen mehr, keine Wälder, in denen jedermann jagen oder Brennholz und Kräuter sammeln durfte, keine freien Gewässer zum Fischen und keine freien Weideflächen für die Tiere. Vor allem die Wälder waren damals enorm wichtig, ja vielleicht so wichtig wie heute das Erdöl. Sie lieferten

Brennholz, vitaminreiche Beeren und Kräuter, Eicheln zur Schweinemast und hier und da etwas Wild von der Jagd. Doch durch den gewaltsamen Allmende-Raub wurde die Natur zum Privateigentum. Das Wort »privat« kommt vom lateinischen »privare«, was so viel heißt wie berauben, entziehen, vorenthalten. Und genau das geschah damals in Europa. Der Kapitalismus konnte von da an richtig durchstarten.

Wer die heutige Welt und den Kapitalismus verstehen will, muss auch die Geschichte des Allmende-Raubs verstehen. Der Philosoph Jean-Jacques Rousseau begriff das allzu gut, als er 1755 in seiner *Abhandlung über den Ursprung und die Grundlagen der Ungleichheit unter den Menschen* schrieb: »Der erste, der ein Stück Land eingezäunt hatte und dreist sagte ›Das ist mein‹ und so einfältige Leute fand, die das glaubten, wurde zum wahren Gründer der bürgerlichen Gesellschaft. Wie viele Verbrechen, Kriege, Morde, Leiden und Schrecken würde einer dem Menschengeschlecht erspart haben, hätte er die Pfähle herausgerissen oder den Graben zugeschüttet und seinesgleichen zugerufen: ›Hört ja nicht auf diesen Betrüger. Ihr seid alle verloren, wenn ihr vergesst, dass die Früchte allen gehören und die Erde keinem.‹«[4]

Die europäischen Kleinbauern wurden seit dem 15. Jahrhundert ihrer Lebensgrundlage beraubt und verarmten.[5] Die Lehnsherren erkannten schnell, dass es profitabel war, sich das Land unter den Nagel zu reißen und die entwurzelten Bauern als Lohnarbeiter für sich ackern zu lassen. Widerstand blieb nicht aus: Während der Bauernkriege (1524–1526) formulierten die reformatorischen Theologen und Bauernführer Sebastian Lotzer und Christoph Schappeler ihre Forderungen in den *Zwölf Artikeln.* Neben der Abschaffung der Leibeigenschaft kritisierten sie es als »unbrüderlich und dem Wort Gottes nicht gemäß, dass der arme Mann nicht Gewalt hat, Wildbret, Geflügel und Fische zu fangen«. Darüber hinaus sollten »alle Hölzer, die nicht erkauft sind, der Gemeinde wieder heimfallen, damit jeder seinen Bedarf an Bau- und Brennholz daraus decken kann. [Außerdem haben] etliche sich Wiesen und Äcker, die einer Gemeinde zugehören, angeeignet. Die wollen wir wieder zu unseren gemeinen Händen nehmen.«

Die aufständischen Bauern waren Martin Luther ein Dorn im Auge. In seinem Pamphlet *Wider die mörderischen und räuberischen Rotten der Bauern,* das er als Reaktion auf die *Zwölf Artikel* im Mai 1525 veröffentlichte, empfahl Luther den Fürsten nonchalant, die Bauern einfach zu erschlagen: »Man soll sie zerschmeißen, würgen und stechen, heimlich und öffentlich, wer da kann, wie man einen tollen Hund totschlagen muss.« Der Bauernkrieg endete blutig und mit einer Niederlage der Aufständischen: Die Armee der Landesfürsten, die sich hinter den Adel stellten, tötete über 100000 Bauern. Allein bei der Schlacht von Frankenhausen im Mai 1525 verloren über 6000 Bauern das Leben; ihr Anführer Thomas Müntzer wurde nach zwölf Tagen Folter enthauptet.

Auch in England wurde die Allmende *(commons)* seit dem 15. Jahrhundert systematisch aufgelöst und privatisiert; bereits um 1700 war die Hälfte Englands in privatem Besitz. Das vormals freie, gemeinschaftlich genutzte Land wurde eingezäunt, die sogenannten Einhegungen *(enclosures)* entstanden. Was war der Auslöser? Die

Wollherstellung war damals die Leitindustrie, Wollerzeugnisse und Tuche machten um 1565 über 80 Prozent des englischen Exports aus. Parallel dazu stiegen die Preise in England zwischen 1500 und 1650 um über 400 Prozent. In der Folge musste die Wollwirtschaft noch rasanter wachsen, um diese massive Geldentwertung abzufedern. Im Jahr 1764 erfand James Hargreaves die erste industrielle Spinnmaschine, die »Spinning Jenny«, mit der man aus Wolle Garn herstellen konnte. Dadurch und durch die Verbesserung der Dampfmaschine von James Watt konnte die Garnherstellung um ein Vielfaches gesteigert werden. Dafür benötigte man jedoch umso mehr Schafwolle. Und die Schafe benötigten wiederum Weideland, um zu grasen. Für die Schafzucht wurde der Bevölkerung abermals hektarweise Land entrissen. Der Humanist Thomas Morus schrieb dazu in seinem 1516 veröffentlichten Klassiker *Utopia* ein paar bissige Zeilen: »Eure Schafe, die gewöhnlich so zahm und genügsam sind, sollen jetzt so gefräßig und wild geworden sein, dass sie sogar Menschen verschlingen sowie Felder, Häuser und Städte verwüsten und entvölkern. In all den Gegenden eures Reiches nämlich, wo die feinere und deshalb teurere Wolle gewonnen wird, genügen dem Adel und den Edelleuten und sogar bisweilen Äbten, heiligen Männern, die jährlichen Einkünfte und Erträgnisse nicht mehr, die ihre Vorgänger aus ihren Gütern erzielten. Nicht zufrieden damit, dass sie mit ihrem faulen und üppigen Leben der Allgemeinheit nichts nützen, sondern eher schaden, lassen sie kein Ackerland übrig, zäunen alles als Viehweiden ein, reißen die Häuser nieder, zerstören die Städte, lassen nur die Kirchen als

Schafställe stehen und, gerade als ob bei euch die Wildgehege und Parkanlagen nicht schon genug Grund und Boden der Nutzbarmachung entzögen, verwandeln diese braven Leute alle bewohnten Plätze und alles sonst irgendwo angebaute Land in Einöden. Damit also ein einziger Verschwender, unersättlich und eine grausige Pest seines Vaterlandes, einige Tausend Morgen zusammenhängenden Ackerlandes mit einem einzigen Zaun umgeben kann, vertreibt man Pächter von Haus und Hof. Entweder umgarnt man sie durch Lug und Trug oder überwältigt sie mit Gewalt; man plündert sie aus oder treibt sie, durch Gewalttätigkeiten bis zur Erschöpfung gequält, zum Verkauf ihrer Habe.«

Nicht zufällig datieren die Hauptquellen für den historischen Robin Hood aus dieser Zeit. Um 1450 wurde die Ballade *Robin Hood and the Monk* veröffentlicht, um 1500 folgte die Balladensammlung *A Gest of Robyn Hode*. Robin Hood und seine Gefährten verteidigten die Commons und die freien Wälder, und sie gaben den Armen das zurück, was ihnen die Reichen zuvor gestohlen hatten.

Aufschlussreich ist, dass Robin Hood auch während des Kalten Kriegs als politisch gefährlich eingestuft wurde. Die Macher der erfolgreichen TV-Serie *The Adventures of Robin Hood* (1955–1959) standen allesamt auf der »Hollywood Blacklist«, auf der Medienschaffende verzeichnet waren, die mit dem Kommunismus liebäugelten. Die Liste gab es bereits seit 1946, ihre Hochphase erlebte sie dann in den 1950ern in der Ära McCarthy, aber noch unter Ronald Reagan existierte sie. Die Produzentin der Robin-Hood-Serie, Hannah Weinstein, stand ebenso auf der Liste wie der maßgebliche Drehbuchautor, Ring Lardner junior, der seit 1936 Mitglied der Kommunistischen Partei der USA war. In den 1930ern und 1940ern konnte Lardner als Kommunist unbehelligt in Hollywood arbeiten, 1943 gewann er einen Oscar und gehörte mit einem Wochenlohn von 2000 US-Dollar zu den bestbezahlten Hollywood-Autoren. Doch als die »Hollywood Blacklist« in Kraft trat, erhielten Lardner, Weinstein und zig andere Schauspieler, Drehbuchautorinnen und Regisseure in den USA Berufsverbot. Das FBI überwachte jeden ihrer Schritte und drangsalierte sie nach Strich und Faden. 1950 wurde Lardner sogar wegen »Geringschätzung des Kongresses« zu einem Jahr Gefängnis verurteilt, weil er weder von seinen kommunistischen Ansichten abrücken noch interne Angelegenheiten aus der Partei verraten wollte. Aufgrund der antikommunistischen Hetze in den USA musste die TV-Serie *The Adventures of Robin Hood* in Großbritannien produziert werden, die Drehbuchautoren erschienen unter einem Pseudonym im Abspann. Und die Serie barg tatsächlich politischen Sprengstoff, weil Robin Hood als Rächer der Entrechteten klare antikapitalistische Systemkritik übte – selten war eine TV-Serie aus dieser Zeit derart politisch gewitzt und kritisch.

Doch die Heldentaten von Robin Hood konnten weder im 15. Jahrhundert noch im Fernsehen der 1950er den Allmende-Raub aufhalten. Vielerorts ließen die Grundbesitzer die Dörfer einfach niederbrennen, um die leibeigenen Bewohner loszuwerden – oder sie wurden eiskalt ermordet. Die päpstlich abgesegnete Leibeigenschaft war natürlich ebenfalls ein Unrecht, doch kurz vor dem

Allmende-Raub waren, zumindest in England, bereits viele der Bauern freie Menschen; das Lehnswesen bestand oftmals nur noch formal. Die Überlebenden des Allmende-Raubs wurden zu Vagabunden. Nur sehr wenige konnten es sich leisten, das nun »frei gewordene« Land zu pachten und (nicht mehr feudal, sondern kapitalistisch) zu bewirtschaften. Der Rest wurde zu Lohnarbeitern großer Agrarunternehmen. Der Großteil aber landete auf der Straße als Vagabunden und Bettler. Das Gesetz schützte sie nicht, im Gegenteil, es war erlaubt, sie zu töten. Unter Heinrich VIII. (1491–1547) wurden rund 72000 Hinrichtungen dokumentiert, die Getöteten waren hauptsächlich »Diebe«, also die Enteigneten und nun hungernden Vagabunden. Der aufkeimende Kapitalismus krempelte damals die Gesellschaft um. Robert Kurz bringt es auf den Punkt, wenn er über das 17. Jahrhundert in England schreibt: »Um dieselbe Zeit, wo man in England aufhörte, Hexen zu verbrennen, fing man dort an, Banknotenfälscher zu hängen.«[6]

Viele der Vagabunden mussten sich in den städtischen Fabriken verdingen und ihre Arbeitskraft verkaufen. »Stadtluft macht frei«, hieß es damals, doch die Ausbeutung verlagerte sich lediglich von der Leibeigenschaft zur Lohnarbeit. Diese Proletarisierung markierte den Übergang vom Mittelalter zur Neuzeit und führte zu einem Paradigmenwechsel hin zur Fabrik- und Geldwirtschaft. Erst der Allmende-Raub schuf ein Proletariat, das es vorher schlichtweg nicht gegeben hatte. Die Menschen wurden buchstäblich entwurzelt. Und die Geschichte wiederholt sich andernorts: Chinas Regierung sorgte beispielsweise dafür, dass zwischen 1980 und 2015 über 400 Millionen Menschen, also rund ein Drittel der Bevölkerung, vom Land in die Städte wandern musste, um sich dort als Lohnarbeiter zu verdingen und von ihrem mickrigen Gehalt allerlei Waren zu kaufen – denn ohne Konsumenten kein Kapitalismus, auch kein Staatskapitalismus.

Der Kapitalismus konnte sich also nur deshalb entfalten, weil die Produktionsmittel – Ackerland, Maschinen, Werkzeuge, Häuser, Rohstoffe und die Allmende – strikt von den Arbeitenden getrennt wurden. Diese Entkopplung von Kapital und Arbeit zieht sich bis in unsere heutige Zeit. Verkürzt heißt Lohnarbeit nichts anderes als: Der Unternehmer hat Geld und Produktionsmittel, aber keine Arbeiter, die für ihn tätig sind. Der Arbeiter wiederum hat kein Geld und durch den Allmende-Raub auch keine Produktionsmittel, aber er hat seine Arbeitskraft. Die muss er verkaufen, um Geld zu bekommen und überleben zu können. Der Unternehmer sitzt freilich am längeren Hebel, da er über ein großes Privateigentum verfügt – er kann stets mit Entlassungen drohen. Und ohne den mickrigen Lohn, den er zahlt, würden die Arbeiter verhungern. Also verkaufen sie ihre Arbeitskraft, während die Profite des Unternehmers noch oben schnellen. Dieser simple Kreislauf führt zur überall sichtbaren Ausbeutung der Erwerbstätigen.

Nebenbei bemerkt ist nach Marx jede Form der Lohnarbeit gleichbedeutend mit Ausbeutung, nicht nur die schlecht bezahlte. Ausbeutung liegt immer dann vor, wenn jemand seine Arbeitskraft verkaufen muss und der Käufer daraus einen Gewinn, den sogenannten Mehrwert, erwirtschaftet. Ein Fließbandarbeiter bei einem

Autokonzern verdient gerade so viel, dass die Kosten seines Lebensunterhalts gedeckt sind, also Geld für Nahrungsmittel, Miete, Kleidung und Ähnliches. Sein Lohn steht in keiner Relation zu den enormen Geldsummen, die die ganze Belegschaft durch ihre Arbeitskraft für das Unternehmen erarbeitet. Der Konzern erzielt Millionengewinne durch den Verkauf von Autos. Ein Lohnarbeiter arbeitet während einer Stunde vielleicht 5 Minuten für sein eigenes Portemonnaie und die restlichen 55 Minuten für das Bankkonto seiner Firma. »Für jeden Dollar, den der Boss hat, ohne dafür zu arbeiten, hat einer von uns gearbeitet, ohne einen Dollar dafür zu erhalten«, bemerkte dazu Big Bill Haywood (1869–1929), Mitbegründer und Leiter der großen Gewerkschaft Industrial Workers of the World.[7]

Die ersten Fabrikarbeiter sträubten sich vehement, für einen profitorientierten Unternehmer als Lohnarbeiter tätig zu werden. Viele arbeiteten nur für ein Zieleinkommen: Wenn sie genügend Geld verdient hatten, um über die Runden zu kommen, ließen sie buchstäblich den Hammer fallen und blieben bis zum Monatsende den Fabriken fern. Andere wiederum stibitzten Gegenstände aus den Fabriken, um sie zu verhökern. Und auch zahlreiche Fälle von Sabotage, also der gezielten Zerstörung von Maschinen, sind dokumentiert. Lohnarbeit galt den Menschen damals als unehrenhaft und entwürdigend. Wie sich die Zeiten doch ändern ... Heute akzeptieren wir die Lohnarbeit als naturgegeben wie den alltäglichen Sonnenaufgang.

Die protestantische Erwerbsethik segnete den neu aufkommenden Arbeitsfetisch und erteilte den Arbeiterinnen und Arbeitern damit quasi die letzte Ölung. Doch weil sich die frisch geschaffenen Lohnarbeiter nicht recht fügen wollten, mussten die Unternehmer und die mit ihnen paktierenden Regierungen handeln. Zuerst wurden die Löhne dergestalt angeglichen, dass die Arbeiter gerade so ein Auskommen hatten; dann kamen Gesetze, die den Arbeitszwang staatlich legitimierten. Karl Marx und Friedrich Engels zitieren im *Kapital* ein Gesetz aus dem Jahr 1547, das Edward VI. in seinem ersten Regierungsjahr erlassen hat: »Wenn jemand zu arbeiten weigert, soll er als Sklave der Person zugeurteilt werden, die ihn als Müßiggänger denunziert hat. [...] Er hat das Recht, ihn zu jeder auch noch so ekeln Arbeit durch Auspeitschung und Ankettung zu treiben. Wenn sich der Sklave für 14 Tage entfernt, ist er zur Sklaverei auf Lebenszeit verurteilt und soll auf Stirn oder Backen mit dem Buchstaben S gebrandmarkt, wenn er zum drittenmal fortläuft, als Staatsverräter hingerichtet werden. Der Meister kann ihn verkaufen, vermachen, als Sklaven ausdingen, ganz wie andres bewegliches Gut und Vieh.«[8]

Im frühen Mittelalter lebten noch viele Menschen von Almosen, das Betteln war nichts Verwerfliches. Im Gegenteil: Die Kirchen verpflichteten die Gläubigen zu freiwilligen Spenden, indem sie ihnen weismachten, dass sie nur so ihr Seelenheil erlangen könnten. All das änderte sich mit der Reformation schlagartig. Die Bestrafung der »Müßiggänger« erlebte seit den Arbeitsfanatikern Luther und Calvin immer neue Höhenflüge. »Wer nicht arbeiten will, soll auch nicht essen«, hieß es bereits in der Bibel beim Apostel Paulus (2 Thess 3,10). Immer öfter wurden

Bettler in Arbeitshäusern eingesperrt, gefoltert und vielerorts sogar hingerichtet.

Die protestantische Reformation ging Hand in Hand mit der Proletarisierung der Massen. »Im Schweiße deines Angesichts sollst du dein Brot essen« (Gen 3,19) – mit diesen Worten wurden im Alten Testament Adam und Eva aus dem Paradies vertrieben. Arbeit war zwar auch in der Antike und im Mittelalter mit Mühsal und Plage verbunden, aber sie galt schlichtweg als menschliche Notwendigkeit und kollektive Bußtätigkeit: Die Vertreibung aus dem Garten Eden, also der Sündenfall der Menschheit, verurteilte den Menschen zum Arbeitsdienst auf Erden. Was eine Buße der Menschheit war, wurde aber bald zu einem Gottesdienst des Individuums: Gottes Wohlwollen wollte verdient sein. Weltlicher Erfolg galt fortan als unmissverständliches Zeichen dafür, dass man von Gott auserwählt war – und nicht in der Hölle, sondern im Himmel landete.

Genau genommen sollte sich nur Adam mit Lohnarbeit verdingen, während Eva ihm ein kuschliges Zuhause bereitet. Mit dem modernen Kapitalismus wurden immer mehr Arbeitsplätze außerhalb des Hauses geschaffen. Die Männer schufteten in Fabriken, während die Frauen in die private Häuslichkeit gedrängt wurden. Einzig die Lohnarbeit führt seither zu gesellschaftlicher Anerkennung, während die unbezahlte Hausarbeit (das Kochen, Putzen, Einkaufen, die Kinderbetreuung und das Pflegen von Angehörigen) bis heute als selbstverständlich hingenommen und weitgehend marginalisiert wird. Kinder, Küche, Kirche – diese Trias wurde von der bürgerlich-kapitalistischen Gesetzgebung maßgeblich unterstützt: So war es verheirateten Frauen gesetzlich verboten, Eigentum zu haben oder Verträge zu schließen. Noch bis 1957 durften Frauen in Deutschland nur mit Einwilligung ihres Ehegatten ein Girokonto eröffnen oder einer Lohnarbeit nachgehen. Bis heute werden Haus- und Pflegearbeiten nicht vergütet, wie die kapitalismuskritische Feministin Laurie Penny festhält: »In Wirklichkeit ist Hausarbeit überhaupt nicht trivial. Ohne die Arbeit, die Frauen umsonst leisten, würde jede westliche Ökonomie innerhalb weniger Tage kollabieren. Der Betrag, der Frauen für ihre unbezahlte Betreuungs- und Hausarbeit zustünde, wäre in den USA sechsmal höher als der nationale Verteidigungsetat, und der ist bekanntermaßen nicht gerade klein.«[9]

Seit der Reformation, als Martin Luther 1517 seine Thesen ans Tor der Schlosskirche zu Wittenberg hämmerte, ging die Zahl der arbeitsfreien Feiertage von 56 auf zwei zurück. Um 1500 gab es also 56 Feiertage, an denen die Arbeit untersagt war, hinzu kamen die Sonntage. Vorher waren es sogar ein paar Feiertage mehr gewesen: Im Jahr 1232 bestimmte Papst Gregor IX., dass es fortan 85 arbeitsfreie Feiertage geben solle, damit die Menschen sich Gott zuwenden konnten. Andere Quellen belegen, dass die Anzahl der Festtage im 15. Jahrhundert in manchen Ortschaften und Pfarrgemeinden rund ein Drittel bis die Hälfte des Jahres ausmachten.[10] Der verhältnismäßig große Müßiggang jener Zeit hat groteskerweise auch damit zu tun, dass die vorherigen Pestepidemien unzählige Menschen dahingerafft hatten. Der Schwarze Tod forderte zwischen 1347 und 1353 schätzungsweise 25 Millionen Todesopfer, ein Drittel der damaligen europäischen Bevölkerung. Anschließend stiegen in den nächsten Jahrzehnten die Löhne der Städter und – im Verhältnis zur Bevölkerung – die Erträge der Bauern, weil viel weniger Menschen versorgt werden mussten und weil sich die Flora und Fauna in Europa großflächig regenerieren konnte.

Vor allem im 15. Jahrhundert, in dem die mittelalterliche Festkultur ihren Höhepunkt erlebte, herrschte ein verhältnismäßig hoher Wohlstand unter den Bauern. Mancherorts musste es den Untertanen sogar verboten werden, Seidenmäntel und Hermelinpelze zu tragen.[11] Arm dran waren damals vor allem der Adel und die Kirche, die kaum Handel treiben konnten und kräftezehrend gegen das Osmanische Reich kämpften. Martin Luther, Huldrych Zwingli und Johannes Calvin befürworteten nicht nur den Allmende-Raub, sondern auch eine Aufhebung des Zinswuchers: Bis zur Reformation waren Zinsen, gemäß den biblischen Geboten, weitgehend verboten. Luther verwarf diese Gebote und erklärte, dass Zinssätze von 4 bis 5 Prozent rechtmäßig seien. Schon kurz darauf folgten die Könige und Fürsten dieser Auffassung, um Profite zu machen. Manch Historiker sieht hier, parallel zum Allmende-Raub, die Geburt des Kapitalismus, der sich ja maßgeblich von Krediten und Zinsen nährt.

Während die Menschen im vermeintlich düsteren Mittelalter oft genug die Füße hochlegten und aufs Jahr gerechnet pro Tag durchschnittlich 5 bis 6 Stunden arbeiteten, gab es seit der Reformation nur noch den Sonntag sowie Ostern und Weihnachten als arbeitsfreie Tage, den Rest der Zeit wurde geschuftet. Nebenbei bemerkt setzten sich die Reformatoren auch über das biblische Verbot hinweg, Ländereien in Privatbesitz zu nehmen: »Besitz an Grund und Boden darf nicht endgültig verkauft werden, weil das Land nicht euer, sondern mein [Gottes] Eigentum ist. Ihr lebt bei mir wie Fremde oder Gäste, denen das Land nur zur Nutzung überlassen ist.« (Lev 25,23) Luther und Calvin war das gleichgültig. Die Herrschenden wiederum verstießen mit dem Allmende-Raub gegen die Charter of the Forest (1217). Während die Magna Charta (1215) noch bis heute als historisches Dokument der ersten Verfassungsrechte gefeiert wird, ist die nur wenig später von König Henry III. unterzeichnete Charter of the Forest völlig in Vergessenheit geraten.[12] Und das, obwohl erstere lediglich Rechte für die Barone enthielt, während letztere der einfachen Bevölkerung entscheidende Rechte zugestand, darunter die freie Nutzung der Wälder und Heiden: »Jeder freie Mensch darf deshalb, ohne verfolgt zu werden, im Wald oder auf dem Land eine Mühle, eine Domäne, einen Teich, eine Mergelgrube, einen Wassergraben oder kultivierbares Land im Dickicht errichten, unter der Bedingung, dass dies nicht irgendeinen Nachbarn schädigt«, hieß es unter dem 12. Artikel.[13]

Mit der Reformation war damit endgültig Schluss. Wirtschaftlicher Erfolg, disziplinierter Fleiß und rastlose Arbeit im Diesseits waren von nun an die einzigen Indikatoren für eine Erlösung im Jenseits. Damit waren Luther und Calvin die Ersten, die den Begriff der Arbeit durchweg positiv besetzten. Während Jesus noch ein glücklicher Arbeitsloser war, wurden Faulheit und Zeitvergeudung spätestens jetzt buchstäblichen zur Todsünde – und eine Kritik an der kapitalistischen Erwerbsethik erst recht. Doch in Wahrheit liegt die Todsünde beim Kapitalismus selbst, wie der gewaltsame Allmende-Raub zeigt. Mit der Einhegung weiterer Bereiche geht die Geschichte heutzutage weiter – sei es mit den genannten Wasserquellen, sei es mit dem Land Grabbing. Ebenso schlimm sind absurde Patente auf Lebewesen, bei denen Großkonzerne Eigentumsrechte an der DNA beanspruchen und damit buchstäblich das Leben privatisieren – so zum Beispiel beim dubiosen, 2002 vergebenen Patent auf die Züchtung von Broccoli (EP 1069819). Will ein Bauer den Broccoli ohne Erlaubnis des Patentinhabers anbauen oder verkaufen, macht er sich strafbar. Unsere Vorfahren haben, als kostenlose Kulturleistung, aus dem Urkohl den Broccoli gezüchtet. Darauf ein Patent zu erlassen, mutet genauso absurd an, als wollte man jetzt das Rad oder den Bleistift patentieren. Als der US-amerikanische Immunologe Jonas Salk 1952 einen lebensrettenden Impfstoff gegen Polio entwickelt hatte, sagte er: »Es gibt kein Patent. Könnte man die Sonne patentieren?« Zweifelsohne würden sich neoliberale Hardliner auch noch den Sonnenschein patentieren lassen, wenn das möglich wäre.

Bis heute gilt, was ein anonymer Kritiker des Allmende-Raubs um das Jahr 1764 dichtete: »The law imprisons man or woman / Who steals the goose from off the common, / But leaves the greater felon loose / Who steals the common from the goose.« – »Das Gesetz sperrt ein, ob Mann oder Frau, wer eine Gans von der Allmende stiehlt, doch lässt's die größeren Gauner unbehelligt, die der Gans die Allmende stehlen.«

1 Erich Mühsam, »Das Lumpenlied«, in: ders., *Das seid ihr Hunde wert!*, Berlin 2014, S. 96.

2 Das behauptet zum Beispiel Joseph Schumpeter, *Theorie der wirtschaftlichen Entwicklung*, Berlin 1912.

3 Kurt Langbein, *Landraub*, Wals bei Salzburg 2015, S. 25.

4 Jean-Jacques Rousseau, *Diskurs über die Ungleichheit*, Paderborn 1990, S. 173.

5 Karl Polanyi, *The Great Transformation*, Frankfurt am Main 1973.

6 Robert Kurz, *Marx lesen!*, Frankfurt am Main 2007, S. 377.

7 Zitiert nach Peter Carlson, *Roughneck. The Life and Times of Big Bill Haywood*, New York 1983, S. 146.

8 Karl Marx und Friedrich Engels, *Das Kapital*, Bd. 1, in: MEW, Bd. 23, S. 763. Auch im Folgenden sind alle Marx- und Engels-Zitate aus den Marx-Engels-Werken (MEW) im Dietz Verlag, Berlin 1956–1990.

9 Laurie Penny, *Fleischmarkt*, Hamburg 2013, S. 95. Vgl. auch Laurie Penny, *Unsagbare Dinge*, Hamburg 2015.

10 Chris Humphrey. *The Politics of Carnival. Festive Misrule in Medieval England*, Manchester 2001.

11 David Graeber, *Schulden. Die ersten 5000 Jahre*, München 2014, S. 391–422.

12 Peter Linebaugh, *The Magna Carta Manifesto*, Berkeley 2009.

13 Zitiert nach David Charles Douglas und Harry Rothwell (Hg.), *English Historical Documents, 1189–1327*, London 1995, S. 348.

PRIVATEIGENTUM ENTSPRINGT DER FREIHEIT – ODER:

DAS STAATLICH LEGITIMIERTE ELEND

»Es ist die private Herrschaft über Dinge, die Millionen von Menschen ins Nichts zwingt, sie zu lebenden Körpern macht, die keine Originalität und Initiative mehr besitzen, zu menschlichen Maschinen aus Fleisch und Blut, die bergeweise Wohlstand für andere schaffen und dafür mit ihrer eigenen grauen, stumpfen und elenden Existenz bezahlen.«

EMMA GOLDMAN[1]

Der Philosoph Immanuel Kant schrieb 1784: »Aufklärung ist der Ausgang des Menschen aus seiner selbstverschuldeten Unmündigkeit.«[2] Nun ja, im Grunde ist es umgekehrt: Die Aufklärung hat die Menschen in eine noch größere Unmündigkeit gestürzt. Zwar hat die Aufklärung die kirchlichen Dogmen durchbrochen, doch im gleichen Atemzug komponierte sie das Weihelied des aufkeimenden Kapitalismus. Die Aufklärung kritisierte niemals die Herrschaft an sich, sondern lediglich die alte Herrschaft des Absolutismus und der Kirche, die dem kapitalistischen Gewinnstreben der Bürger entgegenstand.

Ziel war fortan nicht mehr die reine Existenzerhaltung, das Zieleinkommen, sondern Arbeit um der Arbeit willen, Arbeit als Glückseligkeitslehre. Von Jeremy Bentham und John Locke über Bernard Mandeville bis hin zu Adam Smith und Immanuel Kant – die bis heute gefeierten Aufklärer feierten ihrerseits den Konkurrenzkampf, den Arbeitsfetisch und das Streben nach Profit. Kant beispielsweise behauptet, dass all diese Dinge in der Natur des Menschen lägen und die Triebfedern des Fortschritts seien: »Dank sei also der Natur für die Unvertragsamkeit, für die missgünstig wetteifernde Eitelkeit, für die nicht zu befriedigende Begierde zum Haben, oder auch zum Herrschen! Ohne sie würden alle vortrefflichen Naturanlagen in der Menschheit ewig unterentwickelt schlummern.«[3]

Entscheidende Impulse kamen auch aus der Feder John Lockes. Selten hat ein Philosoph einen derart großen Einfluss auf die Weltgeschichte genommen wie Locke – seine liberalen Ideen beeinflussten die Anhänger der Französischen Revolution sowie die Väter der amerikanischen Unabhängigkeitserklärung und der Verfassung der Vereinigten Staaten. Der englische Philosoph forderte 1690 unter anderem, dass jeder die Früchte seiner Arbeit zu seinem persönlichen Eigentum erklären dürfe – und kritisierte damit die mittelalterliche Vorstellung, dass Besitz und somit auch persönliche Freiheitsrechte einem allein durch Gottesgnade zufallen: »Obwohl die Erde und alle niederen Lebewesen allen Menschen gemeinsam gehören, so hat doch jeder Mensch ein Eigentum an seiner eigenen Person. Auf diese hat niemand ein Recht als nur er allein. Die Arbeit seines Körpers und das Werk seiner Hände sind, so können wir sagen, im eigentlichen Sinne sein Eigentum. Was immer er also dem Zustand entrückt, den die Natur vorgesehen und in dem sie es belassen hat, hat er mit seiner Arbeit gemischt und ihm etwas Eigenes hinzugefügt. Er hat es somit zu seinem Eigentum gemacht. […] Durch seine Arbeit hebt er es gleichsam vom Gemeingut ab.«[4]

Das klingt zunächst ganz folgerichtig und gerecht. Doch tatsächlich legitimieren diese Zeilen den Eigentumsbegriff des Kapitalismus. Die Natur, das Land, die Produktionsmittel sind Privateigentum ab dem Moment, wo der Mensch sie sich unter den Nagel reißt und bearbeitet. Bei Lockes Vorgänger Thomas Hobbes, der ebenfalls einen grenzenlosen Liberalismus und den »Krieg aller gegen alle« propagierte, beruhte das Eigentum noch auf Verträgen. Bei Locke wurde es, noch übler, zu einem vor- und überstaatlichen Naturrecht. Und der Staat ist bei ihm nur noch ein Nachtwächter, der aufpasst, dass das Eigentum der Reichen auch ja nicht angetastet wird: »Das große und hauptsächliche Ziel, weshalb Menschen sich zu einem Staatswesen zusammenschließen und sich unter eine Regierung stellen, ist also die Erhaltung ihres Eigentums.«[5]

Und genau so geschah es. Die Herrschenden und Reichen ließen sich nicht zweimal bitten, den Empfehlungen der Aufklärung zu folgen. Das brenzlige Problem des Privateigentums sollte schon während der Französischen Revolution gelöst werden. In der französischen Erklärung der Menschen- und Bürgerrechte vom 26. August 1789 heißt es unter Artikel 1: »Die Menschen werden frei und gleich an Rechten geboren und bleiben es. Gesellschaftliche Unterschiede dürfen nur im allgemeinen Nutzen begründet sein.« Übrigens lässt sich das französische *hommes* auch mit »Männer« übersetzen, und tatsächlich gab es 1789 eine Revolution von Männern für Männer. Die französische Frauenrechtlerin Olympe de Gouges übte daran heftige Kritik und schrieb 1791 in ihrer *Erklärung der Rechte der Frau und Bürgerin:* »Die Frau wird frei geboren und bleibt dem Mann an Rechten gleich. Die Frauen haben das Recht, das Schafott zu besteigen, gleichermaßen muss ihnen das Recht zugestanden werden, eine Rednertribüne zu besteigen.« Olympe de Gouges forderte die volle Gleichstellung der Frauen, 1793 wurde sie wegen dieser Schrift hingerichtet.

In der Erklärung der Menschen- und Bürgerrechte prallen Gleichheit und Freiheit aufeinander. Im Kern war diese Erklärung der Freifahrtschein für eine wirtschaftliche, ja kapitalistische Freiheit. Die geforderte Gleichheit war nur ein Lippenbekenntnis. Noch deutlicher wurde dies in der französischen Verfassung, die am 24. Juni 1793, also in der zweiten, republikanischen Phase der Französischen Revolution, verabschiedet wurde; unter Artikel 16 heißt es: »Das Recht auf Eigentum ist das, das jedem Bürger erlaubt, seine Güter, seine Einkünfte, den Ertrag seiner Arbeit und seines Fleißes zu genießen und über sie nach seinem Gutdünken zu verfügen.« All das klingt freiheitlich, beflügelte aber im Kern das egoistische Profitstreben und die Privatisierung von allem, was der Bourgeoisie in die Hände kam.

Im Zuge der Französischen Revolution wurden zwar die Lehnsherren wieder enteignet, doch Land und Boden wurden nicht etwa der Allgemeinheit zurückgegeben, sondern auf dem »freien Markt« höchstbietend an die vermögenden Großbürger versteigert. Vom »allgemeinen Nutzen« war nicht viel übrig geblieben. Sowohl die Glorreiche Revolution in England (1688) als auch die Französische Revolution (1789) legitimierten den Allmende-Raub nun auch auf gesetzlicher Ebene. Das reiche Großbürgertum hatte die Macht an sich gerissen; das Land und die Produktionsmittel verhökerte man auf dem freien Markt. Wer schert sich schon um den »allgemeinen Nutzen«, wenn er Profit machen kann? »Eigentum ist Diebstahl« – die bekannte Losung des anarchistischen Denkers Pierre-Joseph Proudhon erhellt sich angesichts der jahrhundertelangen Enteignungen umso mehr.

Der Allmende-Raub fand im 19. Jahrhundert seine traurige Fortsetzung, als man im Zuge der »Highland Clearances« ganze Dorfgemeinschaften wegfegte. Die Kleinbauern wurden gewaltsam von den Grundstücken vertrieben, etliche wurden auf Auswandererschiffen zusammengepfercht und nach Australien oder Amerika zwangsdeportiert. Der Name der kanadischen Provinz

Nova Scotia zeugt noch heute von dieser Zwangsumsiedlung, für die das Wort *clearance,* also Lichtung oder Freigabe, nur ein übler Euphemismus ist. Die Ära der Highland Clearances endete erst mit dem Crofters' Holdings Scotland Act von 1886, doch da war das schottische Hochland bereits komplett geräumt, um der flächendeckenden Schafzucht Platz zu machen. Die schätzungsweise 800000 Äcker wurden zu 29 Großgrundstücken zusammengelegt, die fortan für rund 150000 Schafe als Weidefläche dienten. Vor allem in den USA, dem »Land der Freiheit«, wendete sich das Blatt für viele der freiwilligen und zwangsdeportierten Auswanderer. Zwar gab es auch dort Massenarmut und zahllose Elendsviertel, und viele Neuankömmlinge mussten in Fabriken die Kosten für die Überfahrt abarbeiten, doch es blitzten tatsächlich auch Momente der Freiheit auf: Die in Europa oftmals verfolgten und verarmten Menschen fanden auf dem amerikanischen Kontinent quasi eine riesengroße Allmende. Es gab genügend Land für jeden. Theoretisch. In der Praxis entrissen die Europäer den indigenen Einwohnern gewaltsam ihr Land – ein weiterer grausamer Allmende-Raub. Der springende Punkt ist: Die Auswanderer versorgten sich anfangs selbst. Sie bauten ihre eigenen Hütten und stellten ihr eigenes Werkzeug und ihre Kleidung her, bauten ihr eigenes Gemüse an und schlugen ihr eigenes Holz. Kurz, es gab für sie keinen Anlass, ihre Arbeitskraft zu verkaufen. Deshalb blieben die Fabriken der ebenfalls ausgewanderten Unternehmer zu deren Verdruss oft leer.

Es kam sogar noch schlimmer für die Kapitalisten, denn was kaum einer weiß: In Amerika entschieden sich damals viele junge Auswanderer – angewidert vom kapitalistischen Lebensstil –, die Städte der Kolonien zu verlassen, um bei den Indianern zu leben. Der Schriftsteller Jean de Crèvecoeur berichtete im Jahr 1785: »Sie entschieden sich, zu bleiben. Und der Grund, den sie mir nannten, mag Sie sehr überraschen: die unübertroffene Freiheit, die Ungezwungenheit des Lebens, die Abwesenheit derjenigen Pflichten und zerfleischenden Sorgen, die uns so oft plagen, die besondere Qualität des Bodens, den sie kultivierten. [...] Tausende Europäer sind Indianer geworden, aber wir haben nicht ein Beispiel eines einzigen Ureinwohners, der freiwillig europäisch geworden wäre!«[6] Ich denke, diese Zeilen sollten uns auch heute noch zu denken geben.

Der Kapitalismus hatte zu diesem Zeitpunkt jedenfalls kaum »Menschenmaterial«, ja er konnte sich in den Kolonien anfangs überhaupt nicht entfalten. Die Menschen hatten schlichtweg kein Interesse daran, Profit um des Profits willen zu erwirtschaften. Amerika glich in seinen Gründerzeiten eher einem anarchistisch-kommunistischen als einem kapitalistischen Land. Doch die Geschichte wiederholte sich: Abermals mussten die Lohnarbeiter erst »produziert« werden, sprich, die freien Menschen wurden proletarisiert.

Aufgrund des Arbeitsmangels heckte der englische Staatsmann Edward Gibbon Wakefield, der auch maßgeblich an der Kolonialisierung von Australien und Neuseeland mitwirkte, einen teuflischen Plan aus. Verewigt hat Wakefield seine Erkenntnisse in dem Buch *England and America* (1833), das geradezu einen Leitfaden für kapitalistische Ausbeuter darstellt. Marx und Engels schrieben dazu: »Wie nun den antikapitalistischen Krebsschaden der Kolonien heilen? Wollte man allen Grund und Boden mit einem Schlag aus Volkseigentum in Privateigentum verwandeln, so zerstörte man zwar die Wurzel des Übels, aber auch – die Kolonie. Die Kunst ist, zwei Fliegen mit einer Klappe zu schlagen. Man gebe von Regierungs wegen der jungfräulichen Erde einen vom Gesetz der Nachfrage und Zufuhr unabhängigen, einen künstlichen Preis, welcher den Einwandrer zwingt, längere Zeit zu lohnarbeiten, bis er genug Geld verdienen kann, um Grund und Boden zu kaufen und sich in einen unabhängigen Bauern zu verwandeln. Den Fonds, der aus dem Verkauf der Ländereien zu einem für den Lohnarbeiter relativ prohibitorischen Preis fließt, also diesen aus dem Arbeitslohn durch Verletzung des heiligen Gesetzes von Nachfrage und Zufuhr erpressten Geldfonds, verwende die Regierung andrerseits, um im selben Maß, wie er wächst, Habenichtse aus Europa in die Kolonien zu importieren und so dem Herrn Kapitalisten seinen Lohnarbeitsmarkt vollzuhalten.«[7]

Ähnlich perfide gingen die deutschen Kolonialherren in Deutsch-Ostafrika vor. Die mit damals über 7 Millionen Einwohnern größte deutsche Kolonie (1885 bis 1918) umfasste die heutigen Länder Tansania, Burundi und Ruanda – mit 995 000 km² war die Kolonie doppelt so groß wie das Deutsche Reich. Die Kolonialherren standen allerdings vor einem Problem: Die unterworfenen Menschen in der Kolonie lebten als Kleinbauern und betrieben Subsistenzwirtschaft. Deshalb erhoben die deutschen Kolonialherren ab 1898 eine »Hüttensteuer« auf sämtliche Wohnunterkünfte, sodass die dort lebenden Menschen gezwungen waren, sich als Lohnarbeiter auf den deutschen Plantagen zu verdingen, um die Hüttensteuer bezahlen zu können.

Diese zwei Beispiele zeigen nicht nur, dass der Kapitalismus einzig und allein mit profitbringender Lohnarbeit verwirklicht werden kann, sie zeigen auch, dass die Menschen offenkundig überhaupt kein Interesse an Ausbeutung und Lohnarbeit haben, sofern sie selbst im Besitz der Produktionsmittel sind. Fernab aller Sozialromantik lässt sich am historischen Beispiel der frühen USA feststellen: Die amerikanischen Siedler wollten einfach nur in Ruhe leben und überleben auf ihrem Stückchen Land, das sie bewirtschafteten. Jedenfalls verspürten sie kein Bedürfnis, ihre Arbeitskraft an einen Unternehmer zu verscherbeln.

Es ist kein Zufall, dass der Ökonom William F. Lloyd genau in jenen Jahren die sogenannte Tragödie der Allmende formulierte.[8] Während Wakefield 1833 Strategien zur Privatisierung ausheckte, versuchte Lloyd im gleichen Jahr, die Privatisierung wissenschaftlich zu rechtfertigen: Wenn sich mehrere Menschen ein Gemeingut teilen, so Lloyd, dann werde dieses zwangsläufig übernutzt und schließlich zerstört. Selbst wenn es auf der Allmende beispielsweise Anzeichen der Überweidung gibt, sei es für den einzelnen Bauern doch rational, mehr Tiere auf die Weide zu schicken, da der Nutzen, den er daraus ziehen kann, *zunächst* immer noch größer sei als der *zukünftige* Schaden, den er mit allen anderen Landwirten gemeinsam teilt. Reduziert er sein Vieh, können alle anderen die bessere Weidequalität für ihr Vieh nutzen, sodass alle außer ihm im Vorteil sind. Weil alle so denken, führt die Überweidung schließlich zur vollständigen Zerstörung der Allmende. Profitorientierte Unternehmer, so Lloyd, wären hingegen auf eine nachhaltige Nutzung *ihres* Eigentums bedacht. Und deshalb müssten die Allmenden privatisiert werden.

Kleine Randnotiz: Im Jahr 1968, also kurz bevor global der Neoliberalismus zu toben begann, griff der Biologe Garrett Hardin das Argument auf, um abermals eine Privatisierung aller Gemeingüter schönzureden: »Freedom in the commons brings ruin to all.« Seither dient Hardins »Tragödie der Allmende« sowohl der Weltbank und dem IWF als auch Unternehmern wie Nestlé-Chef Peter Brabeck als »wissenschaftliche Basis« für umfangreiche Privatisierungen.

Die Geschichte des Privateigentums ging indes weiter: Am 20. Mai 1862 unterzeichnete der damalige US-Präsident Abraham Lincoln den sogenannten Homestead Act. Das Bundesgesetz erlaubte es jeder Person über 21 Jahre, sich auf einem bis dato unbesiedelten Stück Land niederzulassen und es zu bewirtschaften. Dabei durfte man ein 160 Acre (64 Hektar) großes Grundstück abstecken, das einem nach fünf Jahren automatisch gehörte. Wer nicht so lange warten wollte, konnte das Land für 1,25 US-Dollar pro Acre binnen einer sechsmonatigen Frist kaufen. Die Siedler fackelten natürlich nicht lange: Bis 1910 waren, abgesehen von Alaska, sämtliche Landflächen der USA gemäß dem Homestead Act verkauft. Das Bundesgesetz wurde erst 1976 mit dem Federal Land Policy and Management Act außer Kraft gesetzt, aber zu diesem Zeitpunkt war es ja ohnehin schon überflüssig.

Aufschlussreich im Zusammenhang mit dem Allmende-

Raub ist, dass die Eigentumsfrage sich bis ins All erstreckt. Das internationale Recht kennt zwei wichtige Verträge, die Klarheit schaffen sollen: den Weltraumvertrag von 1967 und den Mondvertrag von 1979. Der erste Vertrag besagt im Kern, dass es Staaten untersagt ist, sich Grundstücke jeglicher Art im Weltraum anzueignen, sprich, sämtliche Flächen und Gebiete außerhalb der Erde sollen staatenlos bleiben. Der Mondvertrag erstreckt dieses Verbot auch auf Privatpersonen und Unternehmer, oder anders formuliert: Der Weltraum soll allen zur Verfügung stehen. Und hier liegt der Hund begraben: Den Weltraumvertrag haben fast alle Staaten der Vereinten Nationen unterzeichnet, den Mondvertrag hingegen haben bis zum Jahr 2015 nur 16 Staaten ratifiziert. Schon in den 1970ern sträubten sich vor allem die USA und die Sowjetunion, auf mögliche Ressourcen und Bodenschätze zu verzichten – und gerade der Mond gilt hier als interessante Möglichkeit, vielleicht in naher Zukunft Profit rauszuschlagen.

Tja, da der Mondvertrag nur ein Papiertiger ist, werden im Weltraum bereits seit Jahren Grundstücke verkauft. Am bekanntesten ist hier das Unternehmen Lunar Embassy, wo man zum Beispiel 1 Acre, also die Größe eines Fußballfelds, der Planeten Mars, Merkur, Venus und eben vom Mond für je 19,99 US-Dollar erwerben kann. Zwar werden die Besitzansprüche von keiner rechtlichen Institution anerkannt, doch sie werden den Käufern auch nicht explizit aberkannt.

Es ist wohl nur eine Frage der Zeit, bis der Allmende-Raub den Weltraum erreicht. Auf der Erde indes geht er munter weiter. In Irland beispielsweise war Leitungswasser seit 1997 vollkommen kostenlos, nachdem die Bevölkerung in vielen Städten die Zahlung ihrer Rechnungen boykottiert hatte. Der EU war diese Mini-Allmende seit langem ein Dorn im Auge. Durch die an Irland ausgezahlten Rettungsfonds hatte die EU seit 2010 dann ein willkommenes Druckmittel, denn die Zahlungen waren an die Bedingung geknüpft, dass mit dem kostenlosen Trinkwasser endgültig Schluss sein müsse. Gefordert, getan: Seit Januar 2015 müssen auch die Iren für ihr Leitungswasser blechen. Dass die ersten 30000 Liter weiterhin kostenfrei sind, ist nur ein schwaches Trostpflaster.

---

1 Emma Goldman, »Was ich denke« [1908], in: dies., *Anarchismus und andere Essays*, Münster 2013, S. 17–39, hier S. 19.

2 Immanuel Kant, »Beantwortung der Frage: Was ist Aufklärung?«, in: *Berlinische Monatsschrift*, Nr. 4, 1784, S. 481–494, hier S. 481.

3 Immanuel Kant, »Idee zu einer allgemeinen Geschichte in weltbürgerlicher Sicht«, in: ders., *Akademie-Ausgabe*, Bd. 8, Berlin 1966 f., S. 20.

4 John Locke, *Zwei Abhandlungen über die Regierung*, Frankfurt am Main 1977, II, §27 und §32.

5 Ebd., §124.

6 Jean de Crèvecoeur, *Letters from an American Farmer and Other Essays*, Cambridge 2013, S. 161.

7 Karl Marx und Friedrich Engels, *Das Kapital*, Bd. 1, in: MEW, Bd. 23, S. 799 f.

8 William Forster Lloyd, *Two Lectures on the Checks to Population*, Oxford 1833. Vgl. zum Folgenden auch Garrett Hardin, »The Tragedy of the Commons«, in: *Science*, Nr. 162, 1968, S. 1243–1248, sowie Elinor Ostrom, *Governing the Commons*, Cambridge 1990.

DAS BOOT IST VOLL – ODER:

DAS MÄRCHEN VON DER ÜBER-BEVÖLKERUNG

»Die Schattenseite des Überflusses ist der überflüssige Mensch.«

ILIJA TROJANOW[1]

Die gefeierten Helden der Aufklärung öffneten dem Liberalismus Tür und Tor; sie sind die Vordenker des modernen Kapitalismus. Ihr Gedankengut verwirklichte sich im Privateigentum und in der Ausbeutung durch Lohnarbeit und Massenelend. Manch Aufklärer war gar so dreist, dass er das Elend gar nicht schönredete oder einen paradiesischen Zielzustand des Kapitalismus in Aussicht stellte, sondern es billigend in Kauf nahm, oft genug als »Naturgesetz«. So geschehen beim einflussreichen Ökonomen und Menschenhasser Thomas Robert Malthus. Von ihm stammt die unheilvolle Behauptung, dass es zu viele Menschen auf der Erde gebe. Ein Unfug, der seitdem nicht abreißt, sondern weiter in den Köpfen umhergeistert, wie wir in diesen Tagen in Europa wieder erleben müssen.

Das Boot ist voll, es gibt zu viele Menschen auf der Welt. Mit dieser Behauptung lenkt der Kapitalismus ganz gern vom wahren Grund für Armut, Hunger, Kriege, Flucht und Umweltzerstörung ab: von sich selbst. Allerorts schüren Populisten und Faschisten Ängste, dass Europa überrannt werde. Jüngstes Beispiel in der deutschen Geschichte sind die menschenfeindlichen und rassistischen Pegida-Demonstrationen.

Seit dem Jahr 2000 sind über 30000 Menschen im Massengrab Mittelmeer ertrunken. Die Zahl der Toten ist abstrakt, doch hinter jedem verlorenem Leben steht ein Mensch – mit all seinen Leiden, Freuden, Bedürfnissen und Wünschen. »Wer nur ein einziges Leben rettet, rettet die ganze Welt«, heißt es im Talmud. Doch die EU-Grenzpolizei Frontex gleicht einer Todesschwadron. Nachdem im Herbst 2013 innerhalb weniger Tage über 400 Flüchtlinge im Mittelmeer ertranken, startete die italienische Regierung die Operation »Mare Nostrum« (welch patriotischer Name) zur Seenotrettung von Flüchtlingen. Die Operation dauerte ein Jahr, über 140000 Menschen wurden gerettet. Die Kosten für »Mare Nostrum« beliefen sich auf rund 112 Millionen Euro. Es ist höchst makaber, angesichts des Schreckens mit solchen Zahlen zu rechnen – aber noch viel katastrophaler ist die EU-Politik selbst. Also: Die EU gab damit umgerechnet 80 Euro pro Menschenleben aus.[2] Doch das ist der EU seit dem Herbst 2014 zu teuer! Der EU-Haushalt liegt bei über 140 Milliarden Euro. Und ein Menschenleben ist schlichtweg unbezahlbar.

Ein kurzer Vergleich in Sachen Geld: Das EU-Parlament zieht jeden Monat einmal zwischen Brüssel und Straßburg hin und her. Alle Abgeordneten machen diesen wohl größten Wanderzirkus der Welt mit. Aktenordner und Computer werden in zig Lkw herumtransportiert. Und was kostet der Spaß? Laut Europäischem Rechnungshof belaufen sich die Kosten pro Jahr auf über 200 Millionen Euro. So also sehen europäische Werte aus: Wir schicken Abgeordnete mit Lastwagen und Zügen durch Europa. Aber wir schicken keine Boote, wenn Menschen, darunter viele Kinder, vor den Küsten Europas ertrinken. So viel zum Friedensnobelpreisträger Europäische Union.

Die wenigen Menschen, die an den Grenzschützern vorbeikommen, geraten vom Regen in die Traufe. Deutschland, Frankreich, Österreich, die Schweiz: die reichsten Länder der Welt pferchen Flüchtlinge in heruntergekommenen Unterkünften zusammen, berauben sie ihrer mobilen Freiheit und ihrer Menschenwürde. Viele müssen unter freiem Himmel schlafen und die ärztliche Versorgung ist miserabel – selbst schwangere Frauen sowie gebrechliche und schwer erkrankte Menschen werden oft wochenlang nicht behandelt. Und obendrein werden die Flüchtlingsunterkünfte von Sicherheitsdiensten überwacht, deren Personal sich oft aus Hooligans und Neonazis zusammensetzt, die Flüchtlinge drangsalieren, schikanieren und oft genug auch schlagen.

Auf der anderen Seite der Erdkugel sind die Regierungen auch nicht gerade zimperlich. Australien startete 2014 eine Hetzkampagne gegen Bootsflüchtlinge aus Asien: »No way. You will not make Australia home« prangte in großen Lettern auf unzähligen Plakaten und Werbespots der australischen Regierung. Jedes Boot, das illegal in australische Gewässer eindringt, wird vom Küstenschutz abgedrängt. »Diese Regel gilt für jeden: Familien, Kinder, unbegleitete Kinder, Gebildete und Fachkräfte«, stellt die Regierung klar.[3] Eine Ansage, die jedes Jahr für Tausende Menschen den Tod bedeutet.

Früher haben die europäischen Kolonialherren die Menschen des globalen Südens überfallen, ausgeraubt, ermordet, zwangschristianisiert, versklavt und in die Schuldknechtschaft getrieben. Heute überschwemmt die EU den afrikanischen Markt mit Billigfleisch und Agrarprodukten, während die dortigen Märkte den Bach runtergehen und die Menschen weiter verarmen. Dabei handelt es sich nicht nur um die in den Medien häufig zitierten tiefgekühlten Hähnchenreste, sondern beispielsweise auch um die großen Milchüberschüsse der

EU: Die überschüssige Milch wird in Europa in ihre Bestandteile zerlegt und wandert als »fat filled milk powder« nach Afrika. In den afrikanischen Molkereien wird das Fett der zuvor entzogenen Butter durch billiges Palmfett ersetzt und dann mit dem Magermilchpulver vermengt. Gleichzeitig kaufen Nestlé, Campina, Danone und andere Lebensmittelkonzerne dutzendfach afrikanische Molkereien auf, sodass der Preisdruck weiter steigt: Die zusammengepanschte Milch aus dem europäischen Milchpulver ist um ein Drittel günstiger als die Frischmilch der afrikanischen Kleinbäuerinnen und -bauern, die zunehmend in Bedrängnis geraten. In westafrikanischen Ländern wie Burkina Faso lebt über ein Drittel der Bevölkerung von der Viehhaltung.

Egal, wie irrsinnig die Methoden sind, solange sie Profit versprechen, ist den Konzernen alles recht. Afrika wird nach Strich und Faden ausgeplündert. Dagegen entpuppen sich auch internationale Gesetze und Vereinbarungen als wirkungslos. Im ersten Artikel des UN-Sozialpakts von 1966 heißt es: »In keinem Fall darf ein Volk seiner eigenen Existenzmittel beraubt werden.« Tatsächlich?

Konzerne und Industriestaaten kaufen hektarweise Anbauflächen und Wasserquellen und entreißen den Millionen Kleinbäuerinnen und -bauern damit die Lebensgrundlage. Die EU-Gesetze für Biosprit sorgen dafür, dass Großkonzerne hohe staatliche Zuschüsse für den Anbau von Zuckerrohr und Palmöl erhalten – gleichzeitig werden Kleinbauern über gewaltsame und korrupte Wege enteignet, um dem Profitstreben Platz zu machen. »Mit ein, zwei Tanks Biosprit für meinen Traktor verbrauche ich so viel

Fläche, wie eine ganze Familie ein Jahr lang zum Leben braucht«, stellt der Landwirt und Agrarwissenschaftler Felix zu Löwenstein fest.[4] Jede Nacht dringen zig europäische und chinesische Fischtrawler illegal in die Hoheitsgewässer des Senegal ein und rauben den Menschen ihre wichtigste Nahrungsquelle. Ein einziger Trawler holt binnen 24 Stunden über 200 Tonnen Fisch aus dem Meer – dafür muss ein senegalesischer Fischer über 50 Jahre auf Beutefang gehen.[5] Die EU-Grenzpolizei Frontex sollte besser die illegalen Fangflotten der europäischen Großkonzerne überwachen – und nicht Flüchtlinge »abwehren«, die nämlich deshalb fliehen müssen, weil Europa ihnen die Lebensgrundlage raubt.

Unsere sogenannten Handelsüberschüsse, gepriesen von Politik und Medien, sind deren Handelsdefizite, schließlich ist der Kapitalismus ein System, das auf Ungleichheit und Konkurrenz setzt. Die Konzerne des globalen Nordens bereichern sich am Desaster des globalen Südens. In den bevölkerungsreichen Ländern schuften die Menschen täglich 16 Stunden, um in hochgiftigen Fabrikhallen unsere Smartphones, Spielsachen und Klamotten herzustellen. Wie der verheerende Einsturz einer Textilfabrik am 24. April 2013 in Bangladesch gezeigt hat, können die Sklavenarbeiter froh sein, wenn sie vergiftet, aber lebend aus diesen Sweatshops rauskommen. Wir haben die Sklaverei nicht abgeschafft, sondern lediglich outgesourct. Allein an der Elfenbeinküste, dem weltgrößten Kakaoproduzenten, arbeiten über 1,15 Millionen Kinder als Arbeitssklaven auf Kakaoplantagen. Diese Kinder sind nicht etwa Lohnsklaven wie bei uns, sie sind echte Sklaven, verkauft von Menschenhändlern, gefangen hinter Zäunen und überwacht von bewaffneten Aufsehern. Die Kinder dürfen nicht zur Schule gehen, stattdessen schuften sie bis zu fünfzehn Stunden täglich und sprühen ohne Schutzbekleidung hochgiftige Pestizide auf die Kakaopflanzen. Rund 60 Prozent des Kakaos (192 000 Tonnen im Jahr 2014), den sich die Deutschen genüsslich auf der Zunge zergehen lassen, stammt von diesen Plantagen. An einer verkauften Tafel Schokolade verdient der Supermarkt 44,2 Prozent und der produzierende Konzern 35,2 Prozent. Für die Kakaobauern und -bäuerinnen bleiben lediglich 6,6 Prozent (1980 waren es noch 16 Prozent), was einem Tageseinkommen von 0,50 US-Dollar entspricht.[6]

Die Wohlstandsinsel EU ist nur möglich, weil um sie herum ein Meer aus Elend ist – ein Wohlstand freilich, der auch innerhalb der EU-Staaten und deren Gesellschaften höchst ungleich verteilt ist. Die Ungleichheit und Unfreiheit sind gewollt, und oft genug sind Rassismus und Menschenfeindlichkeit für die Machteliten ein willkommenes Ablenkungsmanöver von den wahren Gründen für das globale Desaster. Der Philosoph Armen Avanessian bemerkte dazu treffend: »Das neoliberale Schwadronieren vom freien Personen- und Warenverkehr ist blanker Zynismus. [...] Das hegemoniale Zentrum lebt von seiner Kontrolle über den Transit von Menschen und Gütern.«[7] Die Güter dürfen in der »globalisierten Welt« grenzenlos zirkulieren, doch wollen sich die Menschen ebenso frei bewegen, stoßen sie schnell auf Stacheldraht und Passkontrollen.

NATO und Co. bombardieren mit europäischer Unterstützung Länder des Nahen und Mittleren Ostens sowie

Länder Afrikas; im Hintergrund werden Diktatoren und Warlords mit Waffen und Geldern unterstützt. Die NATO-Mächte sind ganz klar Kriegsgewinnler. Und wer Krieg und Ausbeutung sät, wird Terror und Flüchtlinge ernten. Über all das spricht kaum jemand, aber regierungshörige Medien verbreiten allabendlich Bilder von überfüllten Flüchtlingslagern. Die Politik selbst – die mitverantwortlich für das Elend ist – hat gar keine allzu großen Probleme mit diesen Bildern: Sie sollen einerseits die Flüchtlinge abschrecken, andererseits sollen sie vor der vermeintlichen »Flüchtlingsflut« warnen, die man rigoros eindämmen müsse.

In der Schweiz, wo man bereits Minarette als Bedrohung des Landfriedens ansieht, trieb die Angst vor Zuwanderung in jüngster Zeit ganz andere Blüten: Die rechtskonservative Vereinigung Ecopop rührte 2014 eine menschenverachtende Propagandatrommel mit ihrer Volksinitiative »Stopp der Überbevölkerung – zur Sicherung der natürlichen Lebensgrundlagen«. Ecopop will, mit ökologischen Pseudoargumenten verbrämt, die Zuwanderung in die Schweiz drastisch begrenzen und »Maßnahmen zur Förderung der freiwilligen Familienplanung« in Entwicklungsländern fördern. Die Schweizer stimmten am 30. November 2014 über die Initiative ab, immerhin erteilten fast 75 Prozent dem ökofaschistischen Begehren eine Abfuhr.[8]

Im Kern dieser kruden Theorie steckt der Wahn eines Thomas Robert Malthus, der 1798 in seinem *Essay on the Principle of Population* vor einer Überbevölkerung der Welt warnte: Der Pfarrer Malthus behauptete, dass die Nahrungsmittelproduktion arithmetisch wachse, während die Bevölkerung geometrisch zunehme. Mit anderen Worten: Das Nahrungsangebot wachse nach dem Muster 1, 2, 3, 4, 5, 6, 7, 8, 9, 10 …, während sich die Menschen nach dem Muster 1, 2, 4, 8, 16, 32, 64, 128 … vermehrten. So weit Malthus' Theorie, die jeglicher Wissenschaftlichkeit und Faktenlage entbehrt.

Malthus verlangte von den Armen und Ärmsten sexuelle Enthaltsamkeit, von der Politik forderte er die Abschaffung der ohnehin bescheidenen Armenfürsorge. Der nicht ganz so barmherzige Pfarrer freute sich sogar über Kriege, Hungersnöte und Epidemien: »Kriege – die stille, aber sichere Vernichtung von Menschenleben in großen Städten und Fabriken – und die engen Wohnungen und ungenügende Nahrung vieler Armen – hindern die Bevölkerung daran, über die Subsistenzmittel hinaus zu wachsen und, wenn ich eine Wendung gebrauchen darf, die zuerst gewiß befremdlich erscheint, überheben große und verheerende Epidemien der Notwendigkeit, zu vernichten, was überflüssig ist.«[9] Malthus' Menschenhass sprengt alle Register. Und er fährt fort: Ein »Normalmaß an Elend« sei eben hinzunehmen und notwendig, denn es habe »sich gezeigt, daß infolge der unvermeidlichen Gesetze der Menschennatur manche menschliche Wesen der Not ausgesetzt sein werden. Diese sind die unglücklichen Personen, die in der großen Lebenslotterie eine Niete gezogen haben.«[10] Die soziale Frage von Armut und Reichtum wird kurzerhand biologisiert, wie der Philosoph Robert Kurz treffend formulierte: »Malthus verlagert also das Problem aus der Struktur der gesellschaftlichen Verhältnisse heraus, um die kapitalistisch erzeugte künstliche Armut, ja sogar ›Überflüssigkeit‹ von Menschen auf die Ebene von Karnickeln oder Bibern zu bringen, die sich unter bestimmten Bedingungen ›zu stark vermehren‹.«[11]

Wann immer bestimmte symbolische Zahlen der Weltbevölkerung überschritten werden, machen sie die Runde in den Medien. Dort liest man dann von der »größten Bedrohung für die Menschheit«, einer »Bevölkerungsexplosion« oder einer »Bevölkerungsbombe« – im Jahr 1968 veröffentlichte der Schmetterlingsforscher Paul R. Ehrlich ein Buch mit gleichnamigem Titel und behauptete, dass auf der Erde nur Platz für rund 1,2 Milliarden Menschen sei. Demgegenüber steht ein anderer Extremwert des Systemanalysten Cesare Marchetti, der 1979 davon ausging, dass auf der Erde Platz für rund 1000 Milliarden Menschen sei.[12] Diese Prognose ist natürlich völlig übertrieben, doch so weit wird es ohnehin nicht kommen. Denn entgegen aller Panikmache zeichnet sich seriösen Studien zufolge schon jetzt ab, dass die Weltbevölkerung bald nicht mehr wachsen, sondern sogar wieder schrumpfen wird. Schon seit Jahrzehnten verlangsamt sich die globale Wachstumsrate, sodass die Bevölkerungszunahme – in absoluten Zahlen – bereits jetzt abnimmt. Im Jahr 1972 befeuerte der Club of Rome noch die Bevölkerungsdebatte mit seinem Bericht über die »Grenzen des Wachstums«. In seinen aktuellen Prognosen geht der Club of Rome davon aus, dass die Weltbevölkerung 2042 ihren Höchststand mit 8,1 Milliarden Menschen erreichen und danach wieder abnehmen wird.[13] Gründe hierfür seien unter anderem die zunehmende globale Urbanisierung, die Übernahme westlicher Lebensmodelle (Stichwort Kleinfamilie) in den Entwicklungsländern und die sich ändernde Rolle der Frauen, die zunehmend berufstätig sind.

Derzeit leben auf der Erde rund 7,42 Milliarden Menschen. Die Zuwachsrate beträgt laut der Stiftung Weltbevölkerung pro Jahr 83 686 000 Menschen, ein Wert, der ungefähr der Gesamtbevölkerungszahl Deutschlands entspricht.[14] Auf der gleichen Internetseite liest man, dass jährlich etwa 74 000 000 ungewollte Schwangerschaften auftreten, die meisten davon in den Ländern der sogenannten Dritten Welt, also im globalen Süden. Für diese Menschen müssten sicherlich Kondome zur Verfügung stehen, wenn sie Verhütungsmittel *freiwillig* benutzen wollen. (Entgegen der Forderung von Ecopop und anderen Lobbys, die die Geburtenraten per Zwang kontrollieren wollen. Die Verteilung von Verhütungsmitteln wiederum wird massiv blockiert von der Kirche, die nur noch in diesen Ländern steigende Mitgliederzahlen hat, weil es in ihren Hallen etwas Brot gibt.)

Das große Aber lautet jedoch, dass Verhütungsmittel abermals eine biologische Lösung für ein an sich soziales Problem sein sollen: Die hohe Geburtenrate im globalen Süden ist in erster Linie keine Ursache von Armut, sondern eine *Reaktion* auf Armut. Die Familien in diesen Ländern sind auf zahlreiche Kinder schlichtweg angewiesen, weil sie sonst keine Altersvorsorge haben. Wer keine Kinder hat und alt und schwach wird, kann sich in kein Sozialsystem retten: Die Menschen brauchen Kinder, die sie versorgen – oder sie sterben. Kurzum: Nicht die Geburten, sondern der Kapitalismus muss eingedämmt werden! (Und bekanntermaßen führt Zugang zu

Bildung und Wohlstand zu einem Rückgang der Geburtenrate.) Die in Genf forschende Anthropologin Shalini Randeria übt deutliche Kritik an der westlichen Doppelmoral: »Wenn eine Frau aus Kamerun mehrere Kinder zur Welt bringt, trägt sie angeblich zur globalen Überbevölkerung bei, wenn der Schweizer aber zwei Autos kauft, kurbelt er das Wirtschaftswachstum an. Man kann die Frage der vermeintlichen Überbevölkerung nicht vom Ressourcenverbrauch trennen. Die Einwohner der Stadt New York verbrauchen an einem Tag mehr Energie als der gesamte afrikanische Kontinent. [...] Überzählig sind immer die Anderen: die Armen, die Ausländer, die Angehörigen anderer Religionsgemeinschaften. [...] Es geht nie nur um die Zahlen, sondern stets um die Frage, wer sich vermehren darf und wer nicht.«[15]

Angesichts der Tatsache, dass es maßgeblich die eher bevölkerungsarmen Industrienationen sind, die den Planeten verschmutzen und im großen Stil fossile Brennstoffe verfeuern, ist es ziemlich merkwürdig, wenn sogar die UNO die globale Erderwärmung dadurch bremsen will, indem sie empfiehlt, das Bevölkerungswachstum im globalen Süden einzuschränken.[16]

Weltweit hungern 1 Milliarde Menschen. Hinzu kommt der sogenannte »hidden hunger«, also der Mangel an Mikronährstoffen: Ein Drittel aller weltweit lebenden Menschen ist nicht ausreichend mit Vitaminen und essenziellen Mineralstoffen versorgt. Angesichts der enormen Produktivität in den Industrienationen könnte man ohne weiteres 12 Milliarden Menschen ernähren, wie der ehemalige UN-Sonderberichterstatter für das Recht auf

Nahrung, Jean Ziegler, betont.[17] Wenn täglich über 57000 Menschen an Hunger sterben, in den Industrienationen aber der unerträgliche Überfluss herrscht, dann sind nicht die Menschen, sondern unsere Unmenschlichkeit das Problem. »Alle fünf Sekunden verhungert ein Kind unter zehn Jahren. Jedes Kind, das an Hunger stirbt, wird ermordet«, so die zutreffende Anklage Zieglers.

Im Mainstream von Politik, Medien und Stammtischen sieht man das meist anders: Schuld an der Zerstörung von Menschenleben und Natur ist dort nie der sakrosankte Kapitalismus – schuld seien die Menschen *selbst* aufgrund ihrer bloßen (zu zahlreichen) Existenz. Genauer, schuld seien immer nur die *anderen* Menschen, nicht aber das Profitstreben der westlichen Industrienationen. Interessant ist in diesem Zusammenhang die Beobachtung der Publizistin Jutta Ditfurth: »Die üblichen Berichte über die Entwicklung der Weltbevölkerung sind meist mit Bildern eng gedrängter dunkelhäutiger Menschenmassen illustriert, selten mit Bildern Hellhäutiger im Feierabendverkehr, beim Schlussverkauf oder in Autobahnstaus zu Ferienbeginn. [...] Das Bild von der zu kleinen Erde, auf der sich die Armen hemmungslos fortpflanzen, während die Lebensmittelproduktion stagniere, ist ein prominentes Klischee der Inhumanität. [...] Statt zu fragen: ›Wie viele Menschen erträgt die Erde?‹, müsste es lauten: ›Wie viel Kapitalismus ertragen der Mensch und die Natur noch?‹«[18]

Die Niederlande (405 Einwohner pro km^2), Deutschland (226 Einwohner pro km^2) oder die Schweiz (200 Einwohner pro km^2) sind weit dichter besiedelt als Äthiopien (87 Einwohner pro km^2) oder Nigeria, das bevölkerungsreichste Land Afrikas (165 Einwohner pro km^2). Und wenn irgendwo auf der Welt »Überbevölkerung« herrscht, dann eindeutig im Club der Superreichen: In Monaco drängen sich 18 229 Menschen auf einem Quadratkilometer. Umgekehrt macht Werner Boote, Regisseur des Dokumentarfilms *Population Boom,* sinnbildlich folgende Rechnung auf: Selbst wenn wir alle Menschen der Welt in das kleine Österreich brächten, hätte jeder 11 Quadratmeter zur Verfügung – immerhin 2 Quadratmeter mehr, als einem österreichischen Strafgefangenen zustehen.

Am 10. Dezember 1974, zum Höhepunkt der Ölkrise, verabschiedete der Nationale Sicherheitsrat der USA unter der Leitung von Henry Kissinger das einflussreiche *National Security Study Memorandum 200*. Dem bis 1989 geheim gehaltenen Memorandum zufolge lautet das erste Ziel der US-Außenpolitik, dass man das Bevölkerungswachstum in den ärmsten Ländern der Welt *(less developed countries)* drastisch reduzieren müsse, weil es zu Bürgerkriegen kommen könne, was ein Risiko für die nationale Sicherheit der USA darstelle. Die unzufriedenen Massen könnten »leicht dazu überredet werden, die rechtmäßigen Institutionen der Regierung anzugreifen oder das Eigentum des ›Establishments‹, der ›Imperialisten‹ und der multinationalen Konzerne«.[19] Von Interesse waren natürlich auch die Rohstoffe aus diesen Ländern, deren Import gesichert werden müsse: »Die US-Ökonomie bedarf großer und steigender Mengen Mineralien von außerhalb, insbesondere von den weniger entwickelten Ländern.« Darüber hinaus hatten die USA Angst vor einem Machtverlust gegenüber einer steigenden Zahl von

Erdbewohnern außerhalb ihrer Landesgrenzen – und parallel dazu hatten sie Angst vor einer vermehrten Zuwanderung innerhalb ihrer Landesgrenzen. Das Memorandum forderte eine globale Kampagne, gesteuert über Massenmedien, Schulbildung, Lebensmittelverknappung und andere politische Zwangsmaßnahmen, um das Bevölkerungswachstum einzudämmen. Vor allem Nahrungsmittel und deren Verteilung sollten als »Werkzeug nationaler Machtausübung« genutzt werden, sprich, das Memorandum empfahl wie schon Malthus den Welthunger zur Eindämmung des Bevölkerungswachstums. Das Memorandum zeigt klar, woher die Ideologie der angeblichen »Bevölkerungsbombe« stammt. Seither greifen die Mainstream-Medien das Thema immer wieder unkritisch auf. Und einflussreiche Menschen wie CNN-Gründer Ted Turner, der Millionen US-Dollar in Kampagnen investiert, die den Bevölkerungsrückgang anstreben, erklären ganz unverblümt ihre Ziele: »Eine Bevölkerung von weltweit 250 bis 300 Millionen Menschen, also ein Rückgang um etwa 95 Prozent, wäre ideal.«[20]

Es ist schlichtweg ein gezielt verbreiteter Mythos, dass Armut und Umweltprobleme von der »Bevölkerungsexplosion« ausgehen. Jeder Medienbericht, jede Politikerrede und jede Volksinitiative, die das propagiert, will lediglich rassistische Ängste schüren und die Grenzen dichtmachen – dichter als sie es ohnehin schon sind. Außerdem dienen diese Behauptungen als Beruhigungsmittel dafür, dass nicht etwa unsere massive inhumane Ausbeutung, sondern die simple biologische Vermehrung der Grund allen Elends sei. Fakt ist aber: Ein durchschnittlicher US-Amerikaner verbraucht 32-mal so viele Ressourcen wie ein durchschnittlicher Kenianer – und in den USA leben knapp 320 Millionen Menschen. Und ebendieser steigende Ressourcenverbrauch ist *nicht* ans Bevölkerungs-, sondern ans Wirtschaftswachstum gekoppelt.

Ein hochgradig übertriebenes Konsumniveau von ein paar Millionen reichen Menschen einerseits und ein hochgradig inhumanes Elend von Milliarden Menschen andererseits – das kann nur in einer humanen Katastrophe münden. Wir wachsen so lange, bis wir buchstäblich platzen, Immobilienblasen und Aktienkurse eingeschlossen. Unser Heißhunger nach Konsum und übertriebenem Luxus lässt andere bluten. Die WTO, der IWF und Heerscharen von Soldaten sorgen dafür, dass das so bleibt. Schuld am Elend ist kein Mensch, kein einziger. Schuld ist allein die ungleiche globale Verteilung von Geld, Land und Nahrung.

---

1 Ilija Trojanow, *Der überflüssige Mensch*, St. Pölten 2013, S. 38.

2 www.themigrantsfiles.com sowie »Festung Europa: Kosten, Wege und Strukturen«, in: *Der Standard Online*, 18. Juni 2015.

3 »Kampagne gegen Flüchtlinge: Keine Chance. Australien wird nicht eure Heimat«, in: *Spiegel Online*, 14. Oktober 2014.

4 Zitiert nach Kurt Langbein, *Landraub*, Wals bei Salzburg 2015, S. 141.

5 Marlies Uken, »Europas Megatrawler auf Beutezug vor Afrika«, in: *Zeit Online*, 2. April 2012.

6 INKOTA, »Factsheet zur Côte d'Ivoire – Kakao-Weltmeister aus Westafrika«.

7 Armen Avanessian, »Diese Menschenschwärme«, in: *Die Zeit*, 3. September 2015.

8 Balthasar Glättli und Pierre-Alain Niklaus (Hg.), *Die unheimlichen Ökologen*, Zürich 2014.

9 Thomas Robert Malthus, *Eine Abhandlung über das Bevölkerungsgesetz*, Bd. 1, Jena 1925, S. 479.

10 Thomas Robert Malthus, *Eine Abhandlung über das Bevölkerungsgesetz*, Bd. 2, Jena 1925, S. 315 und 31.

11 Robert Kurz, *Schwarzbuch Kapitalismus*, Frankfurt am Main 2003, S. 164 f.

12 Cesare Marchetti, »10^{12}. A Check on the Earth-Carrying Capacity for Man«, in: *Energy*, 4, 1979, S. 1107–1117.

13 Jørgen Randers, *2052. Der neue Bericht an den Club of Rome*, München 2012.

14 www.weltbevoelkerung.de/meta/whats-your-number.html

15 Shalini Randeria, »Überzählig sind immer die Anderen«, in: *Neue Zürcher Zeitung*, 29. April 2013.

16 United Nations Population Fund, »State of World Population 2009«.

17 Jean Ziegler, »Wir lassen sie verhungern«, Interview, 9. Oktober 2012.

18 Jutta Ditfurth, *Worum es geht*, Berlin 2012, S. 28 ff.

19 National Security Study Memorandum 200, 10. Dezember 1974.

20 Ted Turner 1996 in einem Interview mit der Zeitschrift *Audubon*, zitiert nach Ilija Trojanow, »Wie überflüssig sind Sie?«, in: *Die Presse*, 9. März 2013.

DER KAPITALISMUS BRINGT WOHLSTAND FÜR ALLE – ODER:

DONALD BLEIBT ARM UND DAGOBERT REICH

»Reicher Mann und armer Mann / Standen da und sah'n sich an. / Und der Arme sagte bleich: / Wär ich nicht arm, wärst du nicht reich.«

BERTOLT BRECHT[1]

»Ein Teil meiner Schönheit ist, dass ich sehr reich bin.«

DONALD TRUMP

Angesichts der globalen Grauen ist es ein menschenverachtender Hohn, wenn Neoliberale davon schwadronieren, dass der freie Markt den größten Nutzen für die größtmögliche Zahl bringe – eine These, die schon im 18. Jahrhundert bei Jeremy Bentham und Adam Smith die Runde machte und die bis zum heutigen Tag wiedergekäut wird. Viele Neoliberale behaupten, dass man nur lange genug warten müsse, bis sich die freien Märkte entfaltet hätten und der Wohlstand für alle käme. Selbst der Wirtschaftsguru John Maynard Keynes sah im zukünftigen Kapitalismus die Chance, »dass Gier ein Laster wird, das Verlangen von Wucherzinsen ein Vergehen, die Liebe zum Geld verächtlich. [...] Diese Zeit ist noch nicht gekommen. [...] Gier, Wucher und Vorsicht müssen noch etwas länger unsere Götter bleiben. Denn nur sie können uns durch den Tunnel ökonomischer Notwendigkeit ins Tageslicht führen.«[2] Die Botschaft Keynes' mutet geradezu religiös an: Rackert euch ab, nehmt Ausbeutung und Entbehrungen auf euch, plündert den Planeten und eure Mitmenschen aus, dann wird bald die Erlösung kommen.

Auch der neoliberale Vordenker Friedrich von Hayek fantasierte in Fieberträumen von der »Katallaxie«. Darunter stellte er sich eine friedliche Ordnung der Welt vor, die sich spontan einstellen würde, wenn die globalen Märkte maximal liberalisiert seien. Neoliberale wie Hayek behaupten auch, dass der globale Wohlstand stets zunehme, weil der Wohlstand der Reichen nach und nach in die unteren Schichten der Gesellschaft durchsickern würde (Trickle-down-Effekt). Was für ein Irrsinn! Nehmen wir eines der kapitalistischsten Länder überhaupt, die USA mit ihren rund 320 Millionen Einwohnern: 44 Millionen von ihnen haben nicht genügend zu essen und sind auf Lebensmittelmarken angewiesen. Das geht aus dem 2014 publizierten Bericht der US-Behörde für Landwirtschaft hervor.[3] Ein anderes Beispiel: Seit Beginn der Krise im Jahr 2008 ist die Zahl der in Armut lebenden Kinder in den 41 reichsten Industrieländern um 2,6 Millionen auf insgesamt 76,5 Millionen angestiegen, berichtete das UN-Kinderhilfswerk UNICEF in einer 2014 publizierten Studie.[4] Und das allein in den Industrienationen. Im globalen Süden verschlimmert sich die Lage bereits seit Jahrzehnten.

Die Vermögenden und die Herrschenden scheren sich einen Dreck um den vielgepriesenen »Wohlstand für alle«. Sie wollen den Wohlstand nur für sich, nicht mehr und nicht weniger. Ganz übel wird es, wenn die Vermögenden gleichzeitig die Herrschenden sind: In den USA sind über die Hälfte der Kongressabgeordneten Millionäre![5] Die Wirtschaft unterwandert die Politik, um sich ihre eigenen Gesetze zu schneidern. Eine großangelegte Studie hat gezeigt: In den USA üben die oberen 10 Prozent der Einkommenspyramide 15-mal so viel Einfluss auf das politische Geschehen aus wie die restlichen 90 Prozent.[6] Sprich, die Politik der USA ist eine Politik *von* reichen Menschen *für* reiche Menschen. Fast alles geschieht im Interesse der Millionäre.

Das einzige Ziel des Kapitalismus ist der Profit; ihm und nur ihm dienen auch all die Waren und die sie umtänzelnden Dienstleistungen. Sie sind nicht Zweck, sondern Mittel, um immer mehr Geld anzuhäufen. Die Zahlen sprechen für sich:[7] Die gegenwärtige Verteilung des Geldes in der westlichen Welt ist so gerecht wie die

Vermögensverhältnisse zwischen Donald und Dagobert Duck – von den Entwicklungsländern ganz zu schweigen. Das Deutsche Institut für Wirtschaft kommt in einer Studie zu dem Schluss, dass 1 Prozent der Deutschen rund ein Drittel des Gesamtvermögens besitzt.[8] Das reichste 1 Prozent der US-Amerikaner verdient ein Viertel des gesamten Einkommens und besitzt die Hälfte aller Wertpapiere und die Hälfte des gesamten nationalen Vermögens. Die 62 reichsten Menschen der Welt besitzen mehr als die ärmere Hälfte der Weltbevölkerung, sprich, 62 Menschen auf diesem Planeten haben mehr Geld als 3,6 Milliarden Menschen![9] Diese 62 Superreichen besitzen rund 1760 Milliarden US-Dollar. Seit dem Jahr 2010 ist ihr Vermögen noch mal um 44 Prozent gewachsen, während das Vermögen der ärmeren Hälfte der Menschheit um 41 Prozent geschrumpft ist (sofern man hier von einem »Vermögen« sprechen kann). Neun von zehn Großkonzernen haben mittlerweile Niederlassungen in Steueroasen. Dadurch entgehen den Staaten über 190 Milliarden US-Dollar Steuereinnahmen jährlich. Allein die afrikanischen Länder verlieren durch Steuerflucht jährlich 14 Milliarden US-Dollar – eine Summe, mit der man die komplette afrikanische Gesundheitsversorgung finanzieren könnte.

Die Eliten und deren Lobbyverbände verpacken diese Ungleichheit häufig in Euphemismen. Als die neoliberale Regierung unter Rot-Grün 2003 ihre »Agenda 2010« propagierte, hörte man kaum ein Wort häufiger als »Eigenverantwortung«, dicht gefolgt von »Freiheit« und »Leistungsgerechtigkeit«. Daniel Dettling, einer der einflussreichsten Lobbyisten Deutschlands, schrieb 2003: »Die Mehrheit der Bürger hat in Deutschland ein Wohlstandsniveau erreicht, das es rechtfertigt, ihnen mehr Eigenvorsorge und die Übernahme von Risiken zuzumuten. Die meisten Bürger sind imstande, ohne umfassenden Schutz unter Wettbewerbsbedingungen zu leben. Ein höheres Maß an Ungleichheit ist somit nicht nur vertretbar, sondern auch notwendig, um die wirtschaftliche Leistungsfähigkeit zu steigern.«[10] Nun ja, die Banken konnten während der Krise 2008 nicht unter den besagten »Wettbewerbsbedingungen« leben, sie waren angeblich »too big to fail« und benötigten den »Schutz« des Staats (also das Geld der Steuerzahler). Die Menschen wiederum sind »too small to survive«, sollen aber kritiklos ein »höheres Maß an Ungleichheit« hinnehmen. So kommt es, dass die griechischen Großbanken zwar »gerettet« wurden, dass aber über ein Drittel der griechischen Bevölkerung keine Krankenversicherung mehr hat.

Diese ganze Entwicklung zeigt, dass der »Matthäus-Effekt« überall am Walten ist. Der Teufel scheißt immer auf den größten Haufen, wie es auch schon im Matthäus-Evangelium in der Bibel heißt: »Denn wer da hat, dem wird gegeben, dass er die Fülle habe; wer aber nicht hat, dem wird auch das genommen, was er hat.« (Mt 25,29)

»Es herrscht Klassenkrieg, richtig, aber es ist meine Klasse, die Klasse der Reichen, die Krieg führt, und wir gewinnen.« Eine mehr als deutliche Ansage, die Warren Buffett, 2015 der drittreichste Mensch der Welt, gegenüber der *New York Times* machte.[11] Zusammen mit gleichgesinnten Milliardären forderte derselbe Warren Buffett im Jahr 2011 eine Reichensteuer. Oh, ein Akt der Barmherzigkeit? Mitnichten. Denn selbst die Reichen haben – wenn sie eins und eins zusammenzählen können – erkannt, dass solche Abgaben notwendig s wenn das System nicht kollabieren soll. Sie wissen, dass der heutige Kapitalismus zwangsläufig die Finanzsysteme und damit auch ihre eigenen Vermögen und Firmen ins Straucheln bringt. Wenn »die da unten« nichts in der Tasche haben, können sie auch nicht das konsumieren, was »die da oben« verkaufen wollen. Die westlichen Regierungen haben die Idee einer Reichensteuer durch die Bank weg freundlich-liberal ausgeschlagen – und jammern uns allabendlich in den Nachrichten vor, dass kein Geld zur Verfügung stehe. Bullshit!

»Wenn doch nur der Krieg gegen die Armut ein echter Krieg wäre, dann würden wir auch wirklich Geld reinstecken.« Der Satz stammt vom ehemaligen Princeton-Professor und Bürgerrechtler Cornel West und wurde während der Occupy-Proteste 2011 zum geflügelten Wort. Wie simpel. Wie wahr! Doch die Vermögenden und Herrschenden kassieren ihre Profite und legen die Hände in den Schoß, wenn es darum geht, etwas gegen die Massenarmut zu unternehmen. Stattdessen vertrauen sie auf die »unsichtbare Hand« des Marktes, die alles zum Besten regeln soll – zum Besten für sie selbst, versteht sich. Es war der Schutzpatron des Kapitals, Adam Smith, der im 18. Jahrhundert die Mär von der »unsichtbaren Hand« in die Welt setzte: »Von einer unsichtbaren Hand werden sie [die Reichen] dahin geführt, beinahe die gleiche Verteilung der zum Leben notwendigen Güter zu verwirklichen, die zustande gekommen wäre, wenn die Erde zu gleichen Teilen unter alle ihre Bewohner verteilt worden wäre; und so fördern sie, ohne es zu beabsichtigen, ja ohne es zu wissen, das Interesse der Gesellschaft und gewähren die Mittel zur Vermehrung der Gattung. Als die Vorsehung die Erde unter eine geringe Zahl von Herren und Besitzern verteilte, da hat sie diejenigen, die sie scheinbar bei ihrer Teilung übergangen hat, doch nicht vergessen und nicht ganz verlassen. [...] Es macht uns Vergnügen, die Vervollkommnung eines so schönen und großartigen Systems zu betrachten, und wir sind nicht ruhig, bis wir jedes Hindernis, das auch nur im mindesten die Regelmäßigkeit seiner Bewegungen stören oder hemmen kann, beseitigt haben.«[12]

Adam Smiths These lautete also: Die Menschen mehren den Nutzen all ihrer Mitmenschen, indem sie nach der Verwirklichung ihrer eigenen Interessen streben. Da könnte man auch behaupten: Die Luft wird dadurch sauberer, dass wir alle Auto fahren. Statt der angeblichen Vervollkommnung hat der Kapitalismus unvorstellbares Leid über die Menschen gebracht. Smiths vergnügliche Vision ist ein vorgeschobenes Scheinargument, das im Kern einer religiösen Erlösungsprophezeiung gleicht. Der sterbende Gott der Religionen ist ersetzt worden vom Gott des Geldes. Für den Philosophen Leibniz war die von Gott geordnete Welt die beste aller möglichen Welten. Die Ökonomen behaupten nun fast einstimmig: Die vom Markt geordnete Welt ist die beste aller möglichen Welten. Mittlerweile gleicht der Glaube an die Unfehlbarkeit des von einer unsichtbaren Hand perfektionierten kapitalistischen Wirtschaftssystems einer Massenpsychose. Das Kapital verhält sich »wie die sprichwörtliche Katze im Zeichentrickfilm, die über einen Abgrund hinaus weiter durch die Luft schnellt und erst abstürzt, als sie nach unten blickt und bemerkt, dass sie keinen Boden mehr unter den Füßen hat«, so Slavoj Žižek.[13] Wie lange noch kann sich die Katze in der Luft halten, ohne nach unten zu schauen?

Schon vor dem Erscheinen von Smiths Buch hatte es eine kapitalistische Blase gegeben, die auf spektakuläre Weise implodierte und zeigte, dass die unsichtbare Hand an Arthritis litt. Anfang des 18. Jahrhunderts hatte sich in London eine florierende Wertpapierbörse etabliert. Vor allem der Handel in der Südsee verhieß den Menschen märchenhafte Gewinne mit Sklaven, Rohrzucker, Gold und anderen Rohstoffen. Im Jahr 1711 wurde mit königlichem Beistand die South Sea Company gegründet. Die Company übernahm die Staatsschulden von 9 Millionen Pfund bei einer Verzinsung von 6 Prozent und erhielt im Gegenzug das Recht, Aktien auszugeben. Lag der Aktienkurs im Januar 1720 noch bei 120 Pfund, so schnellte er bis Juli auf 950 Pfund noch oben. Das erfolgversprechende Modell wurde rasch kopiert, und so gründeten Hunderte findige Unternehmer ebenfalls Aktiengesellschaften, um ans schnelle Geld zu kommen. Der schottische Journalist Charles Mackay schrieb 1854 rückblickend über die sogenannte Südseeblase von 1720: »Gleichzeitig schossen überall weitere Aktiengesellschaften aus dem Boden. Sie wurden bald nur noch *bubbles* genannt – der passendste Name, den die Phantasie ersinnen konnte. Einige von ihnen bestanden nicht länger als eine oder zwei Wochen, dann hörte man nichts mehr von ihnen, andere hielten nicht einmal diese Zeitspanne durch.«[14]

Die Menschen gründeten AGs, die angeblich mit Gold, Sklaven, Seidentüchern oder Seife handelten; andere importierten Walnussbäume oder boten Lohnausfallversicherungen für Matrosen an. Tausende Anleger sprangen auf den Zug mit auf und kauften wie verrückt Aktien – oder gründeten gleich selbst eine Aktiengesellschaft. Eine der absurdesten davon war die »Gesellschaft zur Durchführung eines nützlichen Unternehmens, das aber noch niemand kennt«. Die Werbung versprach eine jährliche Rendite von 100 Prozent, verschwieg aber, woher dieser sagenhafte Wertzuwachs eigentlich kommen sollte. Sei's drum. Nachdem die Gründung der AG angekündigt worden war, geschah tags darauf Folgendes: »Am nächsten Morgen um 9 Uhr eröffnete dieser prächtige Mann ein Büro in Cornhill. Massen von Menschen belagerten seine Tür, und als er um 15 Uhr schloss, waren nicht weniger als 1000 Aktien gezeichnet und die Anzahlung dafür geleistet worden. Er hatte also in sechs Stunden 2000 Pfund verdient.«[15] Danach verschwand er auf Nimmerwiedersehen. Dem Einfallsreichtum waren damals kaum Grenzen gesetzt, dem Geld aber schon: Die Südseeblase platzte noch im selben Jahr und Tausende Anleger verloren ihr Geld. England schlitterte in eine große Rezession.

Der Aktienmarkt birgt ein Kernproblem, das bis heute besteht: Bevor die Aktiengesellschaften entstanden sind, mussten Unternehmer das volle Risiko selbst tragen, ging ihr Unternehmen bankrott, waren sie auch privat pleite. Heute jedoch haben wir Unternehmen mit »beschränkter Haftung« und Aktiengesellschaften, die mit dem Geld anderer Menschen spekulieren. Die Manager der heutigen AGs sehen sich privat höchstens dazu verpflichtet, ihre enormen Bonuszahlungen einzusacken, das geborgte Geld des Unternehmens aber ist für sie »haftungsbeschränktes« Spielgeld im Kasino der Kapitalmärkte.

Der Physiker Isaac Newton, der durch seine spekulativen Anlagen 20000 Pfund verbrannte, kommentierte den Börsencrash mit den passenden Worten: »Ich kann die Bewegung eines Körpers messen, aber nicht die menschliche Dummheit.« Hm, vielleicht lernte Newton aus seinem dummen Fehler, die Profitgeier jedenfalls nicht: Das Muster von 1720 wiederholt sich heute auf verblüffende Weise. Die Fondsmanager und Anleger spekulieren bis zum Exzess und pumpen Geld in imaginäre und »haftungsbeschränkte« Aktien und Hedgefonds, deren Entsprechung in der Wirklichkeit so real ist wie der Weihnachtsmann.

Der Kapitalismus hat in dieser Hinsicht ein Janusgesicht: Für den Einzelnen mag es rational sein, im Hier und Jetzt einen Kredit zu vergeben oder aufzunehmen und damit die Spekulationslust weiter zu befeuern; volkswirtschaftlichen betrachtet sind diese Blasen jedoch fatal. Denn einerseits kann die Wirtschaft nur laufen, wenn gearbeitet und Materie umgewandelt wird. Der Industriekapitalismus ist an realwirtschaftliche Arbeit gekoppelt. Andererseits kann man heute Geld auf einer völlig abstrakten Ebene erzeugen. Der Finanzkapitalismus ist von der Realwirtschaft entkoppelt, sprich, im abstrakten Raum der Bits und Bytes lassen sich Profite erwirtschaften. Eine ziemlich kuriose Situation, denn die faktische Seite der Wirtschaft beruht natürlich weiterhin auf der Verwertung menschlicher Arbeitskraft (die zunehmend von Computern und Maschinen ersetzt wird) sowie auf der Verwertung endlicher fossiler Brenn- und Rohstoffe.

Der Markt agiert keineswegs bodenständig und vernünftig, es gibt auch keinen Markt, der gemäß einer *rational choice* agiert, vielmehr sickert das Kapital in die letzten kuriosen Nischen, um Profite reinzuholen, die jeder realen Grundlage entbehren. Die verbrieften Papiere der Börsen und Hedgefonds sind schlichtweg durch nichts real Existierendes gedeckt. Die Krise beruht jedoch gleichermaßen auf Problemen des abstrakten Markts und der realwirtschaftlichen Stagnation, die keine Profite mehr abwirft – beide Krisen sind miteinander verzahnt.

Als die Krise 2008 ausbrach, wurde Alan Greenspan vor den US-Kongress geladen. Greenspan war von 1987 bis 2006 Vorsitzender der US-Notenbank und gilt als einer der einflussreichsten Ökonomen der Welt, das Weiße Haus war von seinen Entscheidungen und Konzepten ebenso abhängig wie die internationalen Finanzmärkte. Vor dem Kongress also sagte Greenspan angesichts der Krise, er sei »schockiert« und: »Ich habe einen Fehler in dem Modell festgestellt, das ich für den grundlegenden Mechanismus hielt, nach dem die Welt funktioniert.«[16] O weh. Entweder ist Greenspan, der hier stellvertretend für die großen Entscheidungsträger des Kapitals steht, schlichtweg verblödet. Oder aber er glaubte tatsächlich, dass die unsichtbare Hand des Kapitalismus funktioniert. Beide Möglichkeiten sind buchstäblich eine Bankrotterklärung, nicht nur eine geistige, sondern leider auch eine ganz konkrete angesichts des Elends, das seit 2008 noch zugenommen hat.

Der Markt reguliert sich eben nicht von selbst, vielmehr steuert er ständig neuen (und unvermeidlichen) Krisen entgegen, sodass der Staat rettend und regulierend eingreifen muss. Im Kern ist der Markt ja ohnehin nicht frei, wie David Graeber festgehalten hat: »Es gibt keine ›unregulierte‹ Bank. Und es kann auch keine geben. Banken sind Institutionen, denen die Regierung die Macht der Geldschöpfung übertragen hat – oder, um es technisch präziser auszudrücken, das Recht, Schuldscheine herauszugeben. [...] Offenkundig erlaubt die Regierung niemandem – am allerwenigsten einem gewinnorientierten Unternehmen –, beliebig viel von diesem Zahlungsmittel zu erzeugen. Das wäre verrückt.«[17]

Das Finanzwesen ist nicht unabhängig vom Staat entstanden, sondern der Staat hat überhaupt erst die Voraussetzung für das Finanzwesen geschaffen – dasselbe gilt übrigens auch für die sogenannten freien Märkte, die vom Staat geschaffen wurden, um mehr Steuern einnehmen zu können.

Allerdings kommen diese Märkte immer wieder ins Stocken, sodass der Staat die Stellschrauben justieren muss. Bei der Krise 2008 hat das Kapital ganz klar zu seiner eigenen Verstaatlichung tendiert, wurde aber größtenteils von den marktgläubigen Türstehern des Staates abgewiesen – nicht ohne ihm vorher ein paar Milliarden Steuergelder mit auf den Weg zu geben, versteht sich. Der Staat hat kaum ein Interesse daran, dass die Banken staatlich organisiert sind, denn auf dem Markt versprechen sie Konkurrenz und damit (zumindest theoretisch und langfristig) höhere Steuereinnahmen. Natürlich kommt einem da der Gedanke: Wenn schon Kapitalismus, dann sollten die Banken ihre Risiken auch bitte selbst tragen. Aber es kam ganz anders:

Am 15. September 2008 meldete die viertgrößte US-Investmentbank, Lehman Brothers, Insolvenz an. Zu diesem Zeitpunkt hatte die Bank einen Schuldenberg von 600 Milliarden US-Dollar angehäuft. Zum Vergleich: Der Staatshaushalt der USA liegt jährlich bei etwa 1100 Milliarden US-Dollar. Während Lehman Brothers, ganz kapitalistisch, noch am selben Tag von der Bank of America aufgekauft wurde, sah die Sache beim größten US-Versicherer AIG ganz anders aus. AIG war ebenfalls in eine Notlage geraten und erhielt am 16. September 2008 von den USA einen Überbrückungskredit in Höhe von 85 Milliarden US-Dollar. Wie schnell das Geld doch fließen kann, wenn Banken und Versicherungen in Not geraten. Bei Katastrophen wie dem Hurrikan Katrina, wo Tausende Menschen ihr Zuhause verloren, dauerten die mickrigen Hilfszahlungen Wochen und Monate. Jedenfalls wurde AIG geradezu verstaatlicht, die US-Regierung übernahm damals 79,9 Prozent der Anteile. Bereits am 19. September 2008 stellte die Regierung Bush den Emergency Economic Stabilization Act vor, ein Notgesetz zur Wirtschaftsstabilisierung, das einen Umfang von sage und schreibe 700 Milliarden US-Dollar aufwies.

Schon damals wetterte die US-Presse, dass hier im großen Stil »Zitronensozialismus« betrieben werde, also ein Scheinliberalismus, der ohne das massive Eingreifen des Staates zusammenbrechen würde. In der Tat waren all diese Rettungspakete ein Sozialismus für die Reichen und ein Kapitalismus für die Armen: Die Verluste wurden vergemeinschaftet, die Profite aber blieben weiterhin privatisiert. Die Finanzindustrie sagte den Regierungen ganz unverhohlen, dass ihre Banken »too big to fail« seien und dass sie daher bei jeder Krise mit Steuergeldern gerettet werden müssten, andernfalls kollabiere das gesamte System. De facto hat die Finanzindustrie damit schon seit langem die Demokratie ausgehebelt.

In Europa spielten sich ähnliche Szenen ab: In Deutschland beispielsweise hat allein die Hypo Real Estate rund 87 Milliarden Euro Beihilfen und Garantien vom Staat erhalten, also von den Steuerzahlern. Das meiste Geld wird nie wieder zurück in die Staatskasse fließen. Die Steuerzahler wurden nach Strich und Faden betrogen. Wenn aber die betrogenen Menschen ihre Wohnungen verlieren oder nichts zu essen haben, zahlt niemand. Für Otto Normalverbraucher gibt es keine Rettungsschirme. Wer pleite ist und aus seiner Wohnung fliegt, stürzt ins Bodenlose. Allein in Spanien wurden bereits eine halbe Million Zwangsräumungen vollstreckt, während dort gleichzeitig Millionen von Eigentumswohnungen leer stehen. Kann uns nicht passieren? Die Zahl der Zwangsräumungen nimmt auch in Deutschland rasant zu; allein in Berlin werden derzeit jeden Tag 22 Wohnungen zwangsgeräumt.

Die »unsichtbare Hand« greift noch an ganz anderen Stellen ordentlich daneben. Zwischen 1982 und 2005 sank die Zahl der staatlichen Betriebe in Deutschland von 985 auf 109. Mehr als die Hälfte der Betriebe wurde nach 1999 privatisiert, also unter der neoliberalen Regierung von Rot-Grün. Im gleichen Zeitraum sank beispielsweise die Zahl der nunmehr privatisierten Postfilialen von 29000 auf 13000, gleichzeitig verloren seit 1990 über 160 000 Menschen ihren Job bei der Post.[18] Fast alles wurde verscherbelt, angefangen bei Tausenden von Sozialwohnungen, Krankenhäusern und der kommunalen Energieversorgung über die Müllentsorgung und Teile des öffentlichen Nahverkehrs bis hin zu den vormals staatlichen Autobahnraststätten, wo man nun selbst für einen Toilettengang bezahlen muss. Aber Geld soll ja nicht stinken.

Wo nicht privatisiert wird, müssen die Kartellämter tagtäglich Preisabsprachen verhindern, denn auch hier funktioniert der Kapitalismus alles andere als reibungslos. Ständig wollen riesige Konzerne zu noch riesigeren Megakonzernen fusionieren. »Aber diese Konzerne bescheren uns doch die besten Produkte«, rufen die Marktgläubigen. Ach ja? In Fotoapparate werden minderwertige Plastikteile verbaut, die zum Herausfahren des Objektivs notwendig sind. Ihr Verschleiß ist ganz klar geplant, langlebige Stahlteile würden nur ein paar Cent mehr kosten. In Flachbildschirmen werden empfindliche Bauteile wie etwa Kondensatoren direkt neben Bauteile platziert, die über 100 Grad Celcius warm werden. Ist der teure Kondensator erst einmal kaputt, landet oft der ganze Fernseher im Müll. Drucker haben eingebaute Zähler, die nach einer festgelegten Anzahl gedruckter Seiten eine Fehlermeldung auslösen, obwohl der Drucker keine technischen Schäden hat.[19] »Geplante Obsoleszenz« nennt man das, und sie begegnet einem überall. Schon mal darüber nachgedacht, warum der Akku eines iPhones nach zwölf Monaten schlapp macht und nicht ausgewechselt werden kann? Glücklicherweise gibt's dann ja immer schon das neueste Modell auf dem Markt.

Die »unsichtbare Hand« lenkt also weniger das Marktgeschehen zum Guten. Vielmehr hilft sie ganz gerne mal dabei nach, überteuerten Ramsch unter die Leute zu bringen, Wegwerfprodukte, die unseren Geldbeutel und die Umwelt ruinieren.

Schließlich zeigt das Beispiel Landwirtschaft noch eine ganz andere Realität auf: Wir haben keine Marktwirtschaft, die von einer unsichtbaren Hand geleitet wird. Wir haben eine Planwirtschaft, die von der starken Hand des Staates gesteuert wird. Den mit Abstand größten Posten im EU-Haushalt machen Agrarsubventionen aus: Rund 60 Milliarden Euro fließen jedes Jahr in die Landwirtschaft, das entspricht 39 Prozent des EU-Haushalts (was vor allem daran liegt, dass die Agrarpolitik eine Gemeinschaftsaufgabe ist, die die Staaten an die Zuständigkeit der EU übertragen haben). Etwa die Hälfte aller Bauern könnte ohne diese staatlichen Geldspritzen überhaupt nicht wirtschaften. Auch die anderen globalen Industriestaaten pumpen jedes Jahr gigantische Summen in die Landwirtschaft.

Die Schieflage zeigt sich auch anhand der geballten Macht der Agrarkonzerne:[20] Hatten die zehn größten Saatgutkonzerne 1996 noch einen weltweiten Marktanteil von weniger als 30 Prozent, waren es 2007 schon 67 Prozent und 2015 über 75 Prozent. In der Saatgutbranche hat allein Monsanto einen weltweiten Marktanteil von 26 Prozent, es folgen der US-Konzern DuPont Pioneer mit 18,2 Prozent und der Schweizer Konzern Syngenta mit 9,2 Prozent. Syngenta ist zudem mit 23,1 Prozent Marktanteil weltweiter Spitzenreiter in der Pestizidbranche, gefolgt von Bayer CropScience mit

17,1 Prozent und BASF mit 12,3 Prozent. Hinter all diesen Zahlen verbergen sich Millionen Kleinbäuerinnen und -bauern, die von den Agrarkonzernen drangsaliert werden. In Afrika zum Beispiel werden derzeit noch über 80 Prozent des Saatguts auf informellen Märkten gehandelt, sprich, die Kleinbäuerinnen und -bauern züchten und tauschen untereinander das wertvolle Saatgut ihrer Pflanzen. Dagegen propagiert vor allem die 2006 gegründete Alliance for a Green Revolution in Africa (AGRA), die einflussreichste Lobbyorganisation für industrielle Agrarwirtschaft auf dem afrikanischen Kontinent, die wiederum eng mit der milliardenschweren Bill & Melinda Gates Foundation verzahnt ist. Die AGRA setzt sich dafür ein, dass nur noch zertifiziertes Saatgut gehandelt wird, wodurch der Handel mit bäuerlichem Saatgut illegal wird. Das »geistige Eigentum« der Patente für genmanipuliertes Hybridsaatgut soll gesetzlich geschützt werden, um den Agrarkonzernen neue Märkte zu erschließen – was zugleich das Aus für die kleinbäuerliche Landwirtschaft bedeutet. Wenn die freien Märkte eines bringen, dann sind es Unfreiheit und »Elend für alle«.

1 Bertolt Brecht, *Gesammelte Werke*, Bd. 9: Gedichte 2, Frankfurt am Main 1967, S. 513.

2 Zitiert nach Stefan Mekiffer, *Warum eigentlich genug Geld für alle da ist*, München 2016, S. 70.

3 Alisha Coleman-Jensen u. a., »Household Food Security in the United States in 2013«, in: *Economic Research Report*, Nr. 173, September 2014.

4 UNICEF, Pressemitteilung zum Bericht über Kinderarmut, 28. Oktober 2014.

5 Eric Lipton, »Half of Congress Members Are Millionaires, Report Says«, in: *The New York Times*, 10. Januar 2014.

6 Martin Gilens und Benjamin Page, »Testing Theories of American Politics«, in: *Perspectives on Politics*, 12, Nr. 3, 2014, S. 564–581.

7 www.worldwealthreport.com

8 Pressemitteilung des DIW, 11. Februar 2015.

9 Fortlaufende Oxfam-Studie »An Economy For the 1%«, www.osf.am

10 Daniel Dettling, »Freiheit statt Kapitalismus?«, in: Daniel Dettling und Max von Bismarck (Hg.), *Marke D*, Opladen 2003, S. 213–222, hier S. 219.

11 Ben Stein, »In Class Warfare, Guess Which Class Is Winning«, in: *The New York Times*, 26. November 2006.

12 Adam Smith, *Theorie der ethischen Gefühle*, Hamburg 2004, S. 316 f.

13 Slavoj Žižek, *Auf verlorenem Posten*, Frankfurt am Main 2009, S. 145.

14 Charles Mackay, *Zeichen und Wunder. Aus den Annalen des Wahns*, Frankfurt am Main 1992, S. 296.

15 Ebd., S. 298.

16 *The Guardian*, 24. Oktober 2008.

17 David Graeber, *Bürokratie*, Stuttgart 2016, S. 22.

18 Tim Engartner, »Privatisierung und Liberalisierung. Strategien zur Selbstentmachtung des öffentlichen Sektors«, in: Christoph Butterwegge u. a., *Kritik des Neoliberalismus*, Wiesbaden 2007, S. 87–134, hier S. 108 f.

19 Jürgen Reuß und Cosima Dannoritzer, *Kaufen für die Müllhalde*, Freiburg 2013, sowie Stefan Schridde, *Murks? Nein danke!*, München 2014.

20 Jan Urhahn, »Viel Macht in wenigen Händen«, in: Forum Umwelt und Landwirtschaft (Hg.), *Konzernmacht grenzenlos*, Berlin 2015, S. 10 f.

EINE RÜCKKEHR ZUR VOLLBESCHÄFTIGUNG IST MÖGLICH – ODER:

AUTOMATISCH ARBEITSLOS

»Die Maschinen arbeiten nicht, damit die Menschen leben können, sondern die Menschen werden nur deshalb ernährt, damit sie die Maschinen bedienen.«

SIMONE WEIL[1]

In Nürnberg rauschen seit 2009 fahrerlose U-Bahnen vollautomatisch durch die Unterwelt – auch in Helsinki, Paris, Barcelona, Budapest, Vancouver und São Paulo sind bereits seit Jahren U-Bahnen ohne Fahrer unterwegs. Das spart nicht nur Lohnkosten, sondern erhöht auch die Kapazität der U-Bahn-Linien um bis zu 50 Prozent, weil die exakt positionierten Züge in einem engen Zeitkorridor von nur 75 Sekunden hintereinander fahren können. Gut möglich, dass die Lokführer bald nicht mehr für Lohnerhöhungen streiken, sondern für den Erhalt ihrer dann automatisierten Arbeitsplätze.

Computer und Roboter ersetzen am laufenden Band Menschen. Wir leben in einer Ära des Kapitalismus, in der die Produktivität der Arbeit dermaßen hoch ist, dass immer weniger Arbeitskräfte gebraucht werden. Das gleiche Spiel hatten wir bereits in der Landwirtschaft: In den heutigen Industrienationen haben einst 90 Prozent der Bevölkerung als Bauern gearbeitet, heute sind nur noch 2 Prozent in der Landwirtschaft tätig. Im Jahr 1900 erzeugte eine Bäuerin mit ihrer Arbeitskraft Nahrung für 4 Personen, 1950 konnte sie schon 10 Menschen ernähren, 2000 waren es aufgrund der Technisierung über 133 Menschen. In Japan hat die Firma Spread im Städtchen Kameoka eine Salatfarm eröffnet, in der Roboter den Salat wässern, umsetzen, schneiden, ernten und verpacken, nur angepflanzt wird noch von Menschenhand. Durch die Automatisierung haben sich die Lohnkosten halbiert, während die tägliche Produktion von 21 000 auf 51 000 Salatköpfe angestiegen ist.

Adieu, Handarbeit. Willkommen, Maschine. Laut Statistischem Bundesamt erhöhte sich die Produktivität je

Arbeitsstunde allein zwischen 1991 und 2011 um 34,8 Prozent. Bei der Präsentation des neuen Golf VI erklärte VW-Chef Martin Winterkorn 2008, dass die Produktivität im Vergleich zum Vorgängermodell um mehr als 15 Prozent gestiegen sei – er hätte auch sagen können, dass 15 Prozent der Lohnarbeiter gefeuert wurden.

Die aktuelle Lage in Südeuropa – mit einer Jugendarbeitslosigkeit von teilweise über 50 Prozent – ist nur ein Vorgeschmack auf das große Job-Fressen, das uns noch bevorsteht. Kündigungen überall. Früher galt ein BWL-Studium als sichere Bank, heute ist es eine sichere Bankrotterklärung: Der Banken- und Versicherungssektor ist bereits zu über 50 Prozent automatisiert und digitalisiert. Swiss Re, eines der weltweit größten Rückversicherungsunternehmen, kündigte im Oktober 2015 an, dass sie künftig mit IBM zusammenarbeiten werden: Die Cognitive-Computing-Technologien sind in der Lage, »riesige Mengen unstrukturierter Daten zu verarbeiten und zu analysieren. Sie können schnell Erkenntnisse sichtbar machen und lernen kontinuierlich von ihren Interaktionen mit Menschen und Daten. Über die Cloud bereitgestellt sind die wichtigsten Technologien, die Watson zugrunde liegen, Deep Learning und Natural Language Processing. Letzteres erlaubt es Menschen, Fragen in natürlicher Sprache zu stellen und mit dem System wie mit einem Kollegen zu interagieren«, heißt es in der Pressemitteilung von IBM und Swiss Re, die natürlich verschweigt, dass mithilfe dieser Technologien etliche Jobs vernichtet werden.[2]

Selbst Rechtsanwälte werden jetzt gefeuert: In den USA übernehmen sogenannte E-Discovery-Programme, eine komplexe und lernfähige Software, immer mehr Recherchearbeiten, wo vormals Juristen in Aktenbergen und Gerichtsurteilen wühlten. Die Programme erkennen nicht nur einfach Suchwörter, sondern auch komplexe Verhaltens- und Argumentationsmuster. 1978 gab es in den USA einen spektakulären Prozess, in den fünf TV-Sender und das Justizministerium verwickelt waren. Die Anwälte mussten damals über sechs Millionen Dokumente sichten, was Monate dauerte und 2,2 Millionen US-Dollar an Arbeitszeit kostete. 2011 analysierte die kalifornische Firma BlackStone Discovery 1,5 Millionen Dokumente – für nur 100000 US-Dollar, in viel kürzerer Zeit und mit einer geringeren Fehlerquote.[3]

Im Journalismus können Maschinen zwar noch nicht vollständig den menschlichen Geist ersetzen, aber sie schreiben bereits kurze Nachrichtenartikel. Seit 2015 nutzt Associated Press, eine der weltweit größten Nachrichtenagenturen, eine Software, die vollautomatisch Finanzberichte verfassen kann. Mittels NLG (»natural language generation«) generiert das Programm aus zahlreichen Finanzdaten lesbare Texte. In der Anfangsphase haben Redakteure die Texte vor der Veröffentlichung noch kurz überprüft, weil die Texte aber stets einwandfrei waren, werden sie mittlerweile ohne vorherige Kontrolle veröffentlicht – pro Monat mehr als 1400 Meldungen.

Eine Studie der Universität Oxford kommt zu dem Schluss, dass bis 2030 rund 47 Prozent aller Arbeitsplätze in den USA der Automatisierung zum Opfer fallen könnten.[4] Während etwa Sozialarbeiter oder Handwerker weniger gefährdet sind, ist für Beschäftige in den Bereichen Finanzen, Verwaltung, Logistik, Spedition und vor allem Produktion das Risiko, ersetzt zu werden, enorm hoch. Für Deutschland gibt es ähnliche Prognosen. Laut einer Studie von Volkswirten der ING-DiBa-Bank sind in den nächsten 20 Jahren 59 Prozent aller Arbeitsplätze gefährdet; von den rund 31 Millionen sozialversicherungspflichtig und geringfügig Beschäftigten hierzulande könnten 18,3 Millionen von Robotern und Software ersetzt werden.[5] Die Entwicklung jedenfalls ist rasant: Alle anderthalb Jahre verdoppelt sich nach dem Moore'schen Gesetz die Rechenleistung von Computern. Alle drei Jahre verdoppelt sich die Menge der weltweit digital gespeicherten Daten. Und die gegenwärtigen Roboter sind bei weitem nicht mehr so tapsig und schwerfällig wie frühere Generationen.

Ein Viertel aller deutschen Erwerbstätigen verdingt sich mittlerweile im Niedriglohnbereich, das heißt, er oder sie verdient weniger als 9,54 Euro brutto die Stunde.[6] Oft arbeiten in diesen Jobs gut ausgebildete Menschen, die keine andere Stelle finden. Ebenso erschreckend ist der Anteil der Leiharbeit: Über ein Drittel aller offenen Stellen in Deutschland werden nach Angaben der Bundesagentur für Arbeit inzwischen als Leiharbeit ausgeschrieben.[7] Bis 1967 war Zeit- oder Leiharbeit (die Ausdrücke bezeichnen dasselbe, also die Überlassung von Arbeitnehmern) in Deutschland gesetzlich verboten. Heute ist sie der Wirklichkeit gewordene Traum der neoliberalen Hardliner – und sie wird weiter zunehmen. Zwischen 1996 und 2016 hat sich die Zahl der Leiharbeiter mehr als verfünffacht auf mittlerweile fast eine Million Beschäftigte.

Im Grunde arbeiten wir ja nicht mehr, wir »jobben«. Sinnbild für das Jobben ist der Zeitarbeiter, der von Arbeitsstätte zu Arbeitsstätte tingeln muss. Die »digitale Bohème« verdingt sich als Crowdworker, und Handwerker versteigern ihre Arbeitskraft auf Internetplattformen wie MyHammer. Hier bekommt derjenige einen Auftrag, der sich für den niedrigsten Stundenlohn verdingt. Das Ergebnis sind grausige Stundensätze von 4,30 Euro, um bei irgendwelchen Yuppies neues Fischgrätparkett oder Marmorfliesen zu verlegen. Der Zeitarbeiter ist der moderne Tagelöhner, ausgebeutet von Mercedes, Amazon und anderen Big Player. Es ist eine bittere Ironie der Gegenwart, aber manch einer wäre heute schon froh, wenn er in einem Angestelltenverhältnis mit regelmäßigen Arbeitszeiten ausgebeutet würde.

Gleichzeitig verbreiten Lobbyverbände und unkritisch abschreibende Medien die Lüge vom »Fachkräftemangel«. Tatsache ist: Einzig bei Pflegerinnen und Pflegern besteht ein Mangel an Bewerbern, aber keineswegs bei den viel beschworenen Absolventen der sogenannten MINT-Fächer (Mathematik, Informatik, Naturwissenschaft, Technik). Nehmen wir die Ingenieure: Die Bundesagentur für Arbeit spricht hier von einem Fachkräftemangel, wenn auf eine Stelle drei Bewerber kommen; beim Verein Deutscher Ingenieure beträgt die Quote sogar eins zu fünf.[8] Die Wirtschaft will natürlich die Löhne drücken und sich die Rosinen rauspicken, der Rest aber bleibt arbeitslos.

Und die Arbeitslosen werden gnadenlos mit Hartz IV und seinen entwürdigenden Maßnahmen schikaniert. Das 2005 eingeführte Hartz-IV-System verdankt seinen

Namen bekanntermaßen Peter Hartz, seinerzeit Personalvorstand bei Volkswagen und Beauftragter der Bundesregierung für Arbeitsmarktreformen. Gut möglich, dass er bei der Entwicklung der teuflischen Hartz-IV-Reformen bei seinem Namensvetter gespickt hat. Denn was kaum einer weiß: Schon Ende der 1920er-Jahre entwickelte der deutschnationale Reichstagsabgeordnete und Buchautor Gustav Hartz ganz ähnliche Pläne, um den Sozialstaat abzubauen. Zwar kannte Gustav Hartz den Zusatzbeitrag noch nicht, aber er stellte schon damals Fragen, die neoliberale Hardliner noch heute beklatschen würden: »Geht man nicht bedenkenlos ein dutzendmal zum Arzt, wenn einmal genügte – nur weil es die Kasse bezahlt?«[9] Ein Jahr später schrieb er an anderer Stelle: »Eine soziale Politik darf nicht mit der Sorge um die Kranken, Invaliden, Witwen, Waisen und Arbeitslosen die Förderung der Lebenstüchtigen, Leistungsfähigen und Arbeitenden vergessen.«[10] Sozialdarwinismus in Reinform. Hartz fühlte sich von »Faulenzern und Drückebergern« umringt und setzte alles daran, den »Missbrauch der ungerechten und unnötigen Inanspruchnahme« von Sozialleistungen zu unterbinden und »asoziale Elemente« fernzuhalten. Die Arbeitslosen nannte er schon damals »Kunden«, die man zur »eigenverantwortlichen Selbsthilfe« zwingen müsse. So neu sind die Inhalte der Hartz-IV-Reformen also nicht, nur fanden sie im Neoliberalismus einen idealen Nährboden.

Schon jetzt sind über eine Milliarde Menschen weltweit unterbeschäftigt oder ganz erwerbslos, Tendenz steigend. Die globale Arbeitslosenquote für die Altersgruppe zwischen 15 und 24 Jahren ist dreimal so hoch wie bei den Älteren, besonders betroffen sind Frauen.[11] Und über 40 Prozent der Menschheit schuften für weniger als zwei US-Dollar Lohn am Tag. Durch die dritte industrielle Revolution, die digitale Revolution, wird schon bald die billigste menschliche Arbeitskraft teurer sein als eine Maschine. Schon jetzt rechnen Volkswirte vor, dass man 65 Prozent der Lohnkosten spare durch Outsourcing von Jobs aus Industrie- in Entwicklungsländer. Setze man stattdessen Roboter ein, könne man 90 Prozent der Lohnkosten sparen.[12] Das würde die Menschen im globalen Süden von ihrem elenden Sklavendasein ins nächste Elend stürzen: das der Arbeitslosigkeit. Apple baut derzeit eine neue Generation von Robotern, die bald die asiatischen iSlaves ersetzen sollen, die in 16-Stunden-Schichten unsere Smartphones in giftgeschwängerten Fabrikhallen bauen.

Die Finanzblasen sind nur ein Symptom der Dauerkrise. Eine der tieferen Ursachen liegt woanders: Der Kapitalismus sägt den Ast ab, auf dem er sitzt, indem er seinen eigenen Markt zerstört: Durch die Automatisierung und Produktivitätssteigerung fallen Millionen Arbeitsplätze weg und damit potenzielle Konsumenten. Deshalb ist auch zwecklos, die sogenannte Soziale Marktwirtschaft wiederbeleben zu wollen. Der vermeintlichen Finanzkrise liegen knallharte realwirtschaftliche Probleme zugrunde – der Kapitalismus selbst ist die Krise. Die Zeit zwischen 1945 und 1973 war insofern nicht »normal«, sondern eine Ausnahme im dauerhaft kriselnden Kapitalismus.[13]

Vereinfacht gesagt musste das Kapital seit den 1980ern in abstruse Hedgefonds und andere »finanzielle

Massenvernichtungswaffen« (Warren Buffett) investieren, um den Laden künstlich am Leben zu halten und abstrakte Profite zu erwirtschaften. Gleiches gilt für den gigantischen Schuldenberg, der ebenfalls dazu dienen soll, den Kollaps hinauszuzögern. Andernfalls wäre das System schon damals implodiert, weil sich in der Realwirtschaft immer weniger Profite machen lassen (»profit squeeze«). Es gibt eine weltweite Überproduktion von Gütern, für die es kaum noch Absatzmärkte gibt.[14] Aus reiner Arbeitskraft können die Unternehmen kaum noch Gewinne herauspressen. Die Gruppe Krisis um den Philosophen Robert Kurz bemerkte dazu in ihrem *Manifest gegen die Arbeit:*

»Erstmals übersteigt das Tempo der Prozess-Innovation das Tempo der Produkt-Innovation. Erstmals wird mehr Arbeit wegrationalisiert als durch Ausdehnung der Märkte reabsorbiert werden kann. In logischer Fortsetzung der Rationalisierung ersetzt elektronische Robotik menschliche Energie oder die neuen Kommunikationstechnologien machen Arbeit überflüssig. Ganze Sektoren und Ebenen der Konstruktion, der Produktion, des Marketings, der Lagerhaltung, des Vertriebs und selbst des Managements brechen weg. Erstmals setzt der Arbeitsgötze sich unfreiwillig selber auf dauerhafte Hungerration. Damit führt er seinen eigenen Tod herbei. [...] Der Verkauf der Ware Arbeitskraft wird im 21. Jahrhundert genauso aussichtsreich sein wie im 20. Jahrhundert der Verkauf von Postkutschen.«[15]

Arbeit ist das A und O des Kapitalismus. Kommt Sand ins Getriebe, stockt der Motor der Profitmaschinerie: »Das Kapital ist selbst der prozessierende Widerspruch dadurch«, schrieb Marx hellsichtig, »dass es die Arbeitszeit auf ein Minimum zu reduzieren strebt, während es andrerseits die Arbeitszeit als einziges Maß und Quelle des Reichtums setzt. [...] Nach der einen Seite hin ruft es also alle Mächte der Wissenschaft und der Natur wie der gesellschaftlichen Kombination und des gesellschaftlichen Verkehrs ins Leben, um die Schöpfung des Reichtums (relativ) unabhängig zu machen von der auf sie angewandten Arbeitszeit. Nach der andren Seite will es diese so geschaffnen riesigen Gesellschaftskräfte messen an der Arbeitszeit und sie einbannen in die Grenzen, die erheischt sind, um den schon geschaffnen Wert als Wert zu erhalten.«[16]

Die Kapitalakkumulation gerät zwangsläufig ins Stocken, wenn es keine Arbeiter mehr gibt, die Lohn erhalten und dann als Konsumenten das Kapital füttern, wie auch Marx betonte: »Es liegt also in der Anwendung der Maschinerie zur Produktion von Mehrwert ein immanenter Widerspruch, indem sie [...] die Arbeiterzahl verkleinert. [...] Mit der durch sie selbst produzierten Akkumulation des Kapitals produziert die Arbeiterbevölkerung also in wachsendem Umfang die Mittel ihrer eignen relativen Überzähligmachung.«[17]

Ja, Automatisierung gab es schon immer, auch die Webstühle ersetzten massenweise Arbeitsplätze. Historisch einmalig ist an der heutigen Lage aber nicht nur, dass die Automatisierung schneller wächst als die Märkte, sondern auch, dass die Maschinen weit mehr Jobs ersetzen, als zu ihrer Herstellung notwendig sind. Die wenigen Jobs, die in der Computer- und Roboterbranche entstehen, können die gegenwärtige Jobvernichtung keineswegs kompensieren: In den 1980ern waren noch 8,2 Prozent der Arbeitnehmer in denjenigen Technologiebranchen tätig, die in diesem Zeitraum neu geschaffen wurden. In den 1990ern betrug die Quote 4,2 Prozent und in den 2000ern lediglich 0,5 Prozent.[18] Deshalb hat sich der Industriekapitalismus auch nach und nach zum Finanzkapitalismus orientiert, da sich an den Finanzmärkten noch (abstrakte und der Realwirtschaft völlig entrückte) Profite erwirtschaften lassen.

Doch trotz dieser Entwicklungen palavern Wirtschaft und Politik unermüdlich von Wachstum, Vollbeschäftigung und Arbeitsmoral. Kein Wahlplakat, auf dem nicht mit mehr Jobs geworben wird – obwohl die Jobsuche einem Stuhltanz gleicht. Dabei ist die Sache mit der Arbeit extrem schizophren: Wir streben insgeheim nach Faulheit – und preisen lautstark die Arbeit. Der Ruf nach mehr Arbeit ähnelt dem Stockholm-Syndrom, bei dem die Opfer von Geiselnahmen nach und nach ein positives Verhältnis zu ihren Entführern aufbauen.[19] Als die Lokführer und Erzieherinnen 2015 streikten, musste man in der FAZ, Sprachrohr des Kapitals, folgende Propaganda lesen: »Der Wettstreit um größere Anteile am Wohlstandskuchen führt dann leicht dazu, dass der Kuchen insgesamt nicht mehr wächst, sondern schrumpft.«[20] Was für ein Stuss! Mit dem Gefasel von »Wachstum«, »Wettbewerb« und »Standortsicherheit« versucht man uns einzureden, dass wir »den Gürtel enger schnallen« müssten, weil nur so »sichere Arbeitsplätze« möglich seien – und das alles sei auch noch »alternativlos«. Eine Lohnerhöhung sei nicht drin, weil sonst die Firma pleitegehe. Wir dürften die Reichen nicht zu stark besteuern, weil sonst die Leistungsträger ins Ausland gingen. All diese Dinge werden Konsens – sogar bei den Lohnsklaven selbst, die sich oft genug voller Inbrunst in die Arbeit stürzen.

B. Traven schrieb 1926 in seinem Roman *Das Totenschiff*: »Selbst die Galeerensklaven haben ihren Stolz und ihr Ehrgefühl, sie haben den Stolz, gute Galeerensklaven zu sein und ›nun einmal zu zeigen‹, was sie können. Wenn das Auge des Kommandorufers, der mit der Peitsche die Reihen entlanggeht, wohlgefällig auf ihm ruht, so ist er beglückt, als hätte ihm ein Kaiser persönlich einen Orden an die Brust geheftet.«[21] Wir sitzen alle im selben Boot. Als Lohnarbeiter und Gelegenheitsjobber rackern wir uns tagtäglich ab, um den Profit unserer Sklaventreiber zu mehren. Früher gab es die Peitsche, heute ist es vergiftetes Zuckerbrot.

Richard Branson, Chef der gigantischen Virgin-Group, ist ein verflucht wohltätiger Chef. Am 23. September 2014 verkündete er auf seinem Blog, dass seine Mitarbeiter so viel und so oft Urlaub nehmen dürfen, wie sie wollen, ganz ohne Antrag. Das US-amerikanische Unternehmen Netflix – Vorbild für Bransons Vorhaben – hat eine vergleichbare Regelung bereits 2004 eingeführt. Bransons einzige Bedingung lautet: Die Arbeit muss erledigt sein und die Angestellten sollen mit ihrem Urlaub weder dem Unternehmen noch ihrer Karriere schaden. Hier liegt der Hund begraben, denn zwischen den Zeilen schreibt Branson: Trau dich doch! Die Mitarbeiter werden sich gegenseitig zu noch mehr Arbeit anstacheln. Wer Urlaub nimmt, wird zum »low performer«, zum sogenannten Minderleister. So geschehen beim US-Unternehmen Evernote, das eine ähnliche Urlaubsregelung hat: Die Angestellten haben fast gar keinen Urlaub mehr genommen. Mittlerweile gibt es sogar einen 1000-Dollar-Bonus für diejenigen, die wenigstens eine Woche Urlaub machen. Nach einer aktuellen Studie haben die US-Amerikaner 2013 nur die Hälfte der ihnen zustehenden Urlaubstage beansprucht.[22]

Auch Gewerkschaften, Marxisten und Antikapitalisten gehen diesem Konsens oft genug auf dem Leim, ohne zu merken, dass sie damit blindlings der kapitalistischen Logik folgen. Es ist das Paradox der Gegenwart: Die Arbeitsreligion hat genau zu dem Zeitpunkt den Status einer Staatsreligion erlangt, als die Arbeit abstirbt.

Wenn Menschen ihren Job verlieren und in Armut stürzen, suchen die meisten die Schuld bei sich selbst. Kaum einer gibt dem kapitalistischen System die Schuld. Das ist fatal. Denn Arbeitslosigkeit ist kein individuelles Versagen, sondern ein Systemfehler! Die Arbeit geht uns nicht deshalb aus, weil wir zu blöd sind. Sie geht uns auch nicht deshalb aus, weil die Vermögenden zu viel Steuern blechen, wie uns Neoliberale weismachen wollen. Die meisten Menschen werden über kurz oder lang keine Arbeit finden, weil erstens die Maschinen immer mehr Arbeitsplätze ersetzen und weil zweitens der Kapitalismus aus dem letzten Loch pfeift. Beide Dinge hängen natürlich eng miteinander zusammen.

Vor den Folgen der Automatisierung warnen längst nicht mehr nur linkspolitische Protagonisten, selbst die Apologeten des Kapitalismus erkennen mittlerweile, was sich in der Gegenwart abzeichnet: So warnen die Wirtschaftswissenschaftler Erik Brynjolfsson und Andrew

McAfee eindringlich davor, dass wir bis spätestens 2040 eine neue Massenarbeitslosigkeit haben werden. Der einflussreiche und liberale Ökonom Tyler Cowen geht ebenfalls davon aus, dass zukünftig eine Elite von 10 bis 15 Prozent der Erwerbstätigen alle globalen Produktionsprozesse leiten werde; die Fachkenntnisse dieser Elite reichten aus, um die intelligenten Maschinen und Roboter weiterzuentwickeln und weltweit zu steuern.[23] Und der US-Ökonom Jeremy Rifkin, einflussreicher Berater der US-Regierung und der EU, warnt schon seit Jahren vor den Folgen der Automatisierung: »Wir vollziehen gerade einen Wandel hin zu einem Markt, der zum allergrößten Teil ohne menschliche Arbeitskraft funktioniert.«[24]

Okay, und was tun? Kapitalismuskritik ist seit 2008 praktisch salonfähig geworden, sie sollte aber dringend die Arbeitskritik mit einschließen. Wenn eine gute Theorie die beste Praxis ist, dann lasst uns zuerst den Arbeitsfetisch auf der Müllhalde der bürgerlichen Ideengeschichte entsorgen. Das ist schwierig genug.

Auf der einen Seite stehen mögliche Schönheitsreparaturen in den Ruinen des Kapitalismus: Eine 30-Stunden-Woche bei vollem Lohnausgleich wäre hier nur der Anfang. Noch wichtiger wäre eine »Maschinensteuer« oder, wie es Frank Rieger vom Chaos Computer Club bezeichnet, eine Automatisierungsdividende: »Wenn uns Roboter und Algorithmen in der Arbeitswelt ersetzen, sollten sie auch unseren Platz als Steuerzahler einnehmen.« Rieger fordert deshalb einen »Umbau der Sozial- und Steuersysteme hin zur indirekten Besteuerung von nichtmenschlicher Arbeit und damit zu einer Vergesellschaftung der Automatisierungsdividende.«[25] Zu diskutieren wäre, ob das Geld nur an diejenigen ausgezahlt werden kann, die innerhalb der betreffenden Volkswirtschaft leben, oder ob es in einem weltweiten Fonds landet. Klar ist hingegen, dass Automaten im großen Stil Schwarzarbeit betreiben: Erst zerstören Zigaretten-, Leergut- und Fahrscheinautomaten sowie unzählige Fertigungsroboter und Computer Millionen von Jobs. Und dann »arbeiten« sie, ohne dafür Steuern zu zahlen. Für jeden Euro, den eine Maschine erwirtschaftet, sollten 10 oder mehr Cent an die Allgemeinheit gehen.

Auf der anderen Seite steht die Abrissbirne für die kapitalistischen Ruinen. Dazu gehört die ebenso bekannte wie notwendige Forderung, dass die Produktionsmittel in die Hände der Allgemeinheit übergehen müssen. Denn wer immer im Besitz dieser Mittel ist, wird zwangsläufig andere Menschen zu Lohnsklaven machen, sie vernutzen und sie dann auf die Straße setzen. Statt Maschinenstürmerei oder Rufen nach »mehr Arbeit für alle« tut es not, die Eigentumsfrage zu stellen.

Die Automatisierung ist nur dann ein Horrorszenario, wenn man innerhalb der kapitalistischen Logik denkt. Sie könnte ein Paradies sein, wenn nur die paradiesischen Früchte gerecht verteilt wären, sprich, wenn die Maschinen *allen* gehörten. Maschinenstürmerei ist also keine Lösung. Im Gegenteil: Wir sollten – trotz aller Probleme – auch die Möglichkeiten der Automatisierung erkennen, die darin liegen, dass sich der Kapitalismus den eigenen Ast absägt.[26] Und ja, all das ist leichter geschrieben als getan. Das Ende der Arbeit wird uns wohl noch jede Menge Arbeit machen.

1 Simone Weil, *Über die Ursachen von Freiheit und gesellschaftlicher Unterdrückung*, Zürich 2012, S. 112.

2 IBM, Pressemitteilung, 22. Oktober 2015.

3 John Markoff, »Smarter Than You Think«, in: *The New York Times*, 4. März 2011.

4 Carl Benedikt Frey und Michael A. Osborne, »The Future of Employment. How susceptible are jobs to computerization?«, www.oxfordmartin.ox.ac.uk/downloads/academic/The_Future_of_Employment.pdf

5 ING-DiBa, »Die Roboter kommen«, 30. April 2015.

6 Institut für Arbeitsmarkt- und Berufsforschung, Pressemitteilung, 25. Juli 2013.

7 Florian Rötzer, »Mehr als ein Drittel der offenen Stellen werden als Leiharbeit angeboten«, in: *Telepolis*, 21. Oktober 2014.

8 ARD-Reportage »Der Arbeitsmarktreport. Das Märchen vom Fachkräftemangel«, 21. Juli 2014.

9 Gustav Hartz, *Irrwege der deutschen Sozialpolitik und der Weg zur sozialen Freiheit*, Berlin 1928, S. 18. Ich verdanke den Hinweis auf Gustav Hartz dem Buch von Christoph Butterwegge, *Hartz IV und die Folgen*, Weinheim 2015, S. 19–24.

10 Gustav Hartz, *Neue Wege der Sozialpolitik*, Langensalza 1929, S. 21.

11 ILO, »World Employment and Social Outlook: Trends 2015«.

12 Heather Stuart, »Robot Revolution«, in: *The Guardian*, 5. November 2015.

13 James K. Galbraith, *Wachstum neu denken*, Zürich 2016.

14 Robert Brenner, *The Economics of Global Turbulence*, New York 2006.

15 Gruppe Krisis, *Manifest gegen die Arbeit*, Erlangen 1999, S. 5.

16 Karl Marx, *Grundrisse der Kritik der politischen Ökonomie*, in: MEW, Bd. 42, S. 601 f.

17 Karl Marx und Friedrich Engels, *Das Kapital*, Bd. 1, in: MEW, Bd. 23, S. 429 und 660.

18 Charles Arthur, »Artificial Intelligence«, in: *The Guardian*, 7. November 2015.

19 Patrick Spät, *Und, was machst du so?*, Zürich 2014.

20 Dietrich Creutzburg, »Der neue Verteilungskampf«, in: *Frankfurter Allgemeine Zeitung*, 13. Mai 2015.

21 B. Traven, *Das Totenschiff*, Zürich 1983, S. 183.

22 www.glassdoor.com/blog/average-employee-takes-earned-vacation-time-glassdoor-employment-confidence-survey-q1-2014

23 Erik Brynjolfsson und Andrew McAfee, *The Second Machine*, Kulmbach 2014, sowie Tyler Cowen, *Average is Over*, New York 2014, und Martin Ford, *Rise of the Robots*, New York 2015.

24 Interview mit Jeremy Rifkin, in: *Stuttgarter Zeitung*, 29. April 2005. Vgl. auch Jeremy Rifkin, *Das Ende der Arbeit und ihre Zukunft*, Frankfurt am Main 2004, sowie Constanze Kurz und Frank Rieger, *Arbeitsfrei*, München 2013.

25 Frank Rieger, »Roboter müssen unsere Rente sichern«, in: *Frankfurter Allgemeine Zeitung*, 18. Mai 2012.

26 Armen Avanessian (Hg.), *#Akzeleration*, Berlin 2013.

ES GIBT EINEN GUTEN KAPITALISMUS – ODER:

MIT EINEM KASTEN BIER DIE WELT RETTEN?

»Der Kapitalismus ist das einzige System, das in der Lage ist, ein Unglück in eine Ware zu verwandeln.«

SUBCOMANDANTE MARCOS[1]

»Mit jedem Kasten Krombacher schützen Sie 1 m² Regenwald.«

WERBUNG DER KROMBACHER BIERBRAUEREI

Manche erinnern sich vielleicht noch an die Fernsehwerbung, mit der die Brauerei Krombacher in den Nullerjahren allabendlich das deutsche Fernsehpublikum an der Nase herumführte. Für den Bierkonzern jedenfalls hat sich das Greenwashing gelohnt: Mit 4,4 Millionen Hektolitern ist die Sorte »Krombacher Pils« das meistverkaufte Pilsner Bier in Deutschland. Im Juni 2002 hat die 2. Handelskammer des Landgerichts Siegen der Brauerei untersagt, den Werbespot mit TV-Star Günther Jauch weiter auszustrahlen, weil sie die Konsumenten damit vor die Entscheidung stellte, entweder »Krombacher zu kaufen oder den Schutz des Regenwalds zu verweigern«, was einem »moralischen Kaufzwang« gleichkäme. Und was tat der Bierkonzern? Er stoppte die Regenwald-Kampagne und startete ein Klimaschutz-Projekt. Altes Bier in neuen Schläuchen.

Auf vergleichbare Weise wirbt der Windelhersteller Pampers, der zum Großkonzern Procter & Gamble gehört, mit der Aktion »1 Packung = 1 lebensrettende Impfdosis« für seine Produkte. Pampers unterstützt Tetanus-Impfungen im globalen Süden, aber natürlich nur, wenn man das entsprechende Produkt kauft. Auf der Internetseite heißt es: »Beim Kauf einer Packung Pampers mit UNICEF-Logo spendet Pampers 0,051 Euro an UNICEF. Dieser Beitrag entspricht z. B. den Kosten einer Impfdosis oder unterstützt ihre Verteilung.«

Erich Mühsam hat ein vergleichbares Szenario schon 1911 beschrieben. Damals gab es in München eine Aktion, bei der die Menschen Blumen kaufen sollten, wobei ein Teil des Erlöses an eine Einrichtung für uneheliche Kinder gehen sollte, die in Heime abgeschoben wurden.

Mühsam kommentierte den Gewissensspagat der Aktion von 1911, die auffällig an heutige Charity-Events erinnert: »Der gute Bürger, der an jenem Tage auch ein Blümchen im Knopfloch trug, kann frohen Herzens ein Lied summen, da er zu dem Werk der Menschlichkeit sein Scherflein beigetragen hat. [...] Dieser der höheren Menschlichkeit gewidmete Margeritentag war für mich ein Tag der Qual. [...] Aber mein Knopfloch blieb leer. Ich konnte mich nicht dazu entschließen, auch nur mit einem Groschen den frivolen Unfug zu unterstützen, als der sich mir der Versuch darstellt, die grauenvollste, fürchterlichste Schmach unserer menschlichen Zustände, die Hungersnot unter den Kindern, mit der Arrangierung eines karitativen Sportfestes zu übertünchen. Nichts will ich mit dieser Art Menschlichkeit gemein haben, die die Bevorzugten gegen die Unglücklichen üben, um die seltenen schwachen Regungen eines schlechten Gewissens zu beruhigen.«[2]

Über hundert Jahre später macht der Kaffeeriese Starbucks kein Geheimnis daraus, dass sein Kaffee teurer ist als der der Konkurrenz, und ermuntert seine Kunden zum unbeschwerten Konsum seiner Produkte: »It's not just what you're buying. It's what you're buying into«, lautete der dazu passende Starbucks-Werbeslogan im angloamerikanischen Absatzgebiet. Ein Cent von jedem verkauften Kaffee fließt zugunsten von Kindern in Guatemala ... Heute kauft man sich also nicht nur einen Kaffee, sondern gleich das gute Gewissen dazu. Der Kapitalist kümmert sich ums Karma seiner Kunden – gegen Geld, versteht sich.

Dieser sogenannte Kulturkapitalismus verwurstet jegliche Kritik, die ihm zwischen die Finger kommt. Der Begriff »Kulturkapitalismus« stammt vom US-Soziologen Jeremy Rifkin und beschreibt die gegenwärtige Phase, die dem Industriekapitalismus gefolgt sei und in der die Wirtschaft versuche, Werte, Symbole und Gefühle zu verkaufen. Für Rifkin ist dies die letzte Phase des Kapitalismus, weil es künftig immer weniger konkrete Güter zu verwerten gebe.[3] Verkauft werden also weniger konkrete Produkte als vielmehr Symbole und ein Image, das gleichermaßen auf die Marke und auf den Konsumenten zurückstrahlt, wie der leuchtende Apfel eines Apple-Geräts. Die Waren sind semantisch kodiert: Wir kaufen den Nutzwert eines Produkts samt Image, manchmal sogar überhaupt keinen Nutzwert und nur ein Image. Deshalb sehen wir in der gegenwärtigen TV-Werbung fast gar nicht mehr das Produkt, sondern wahlweise junge, hippe, trendige, fröhliche, konsumbereite Menschen, die ein bestimmtes Lifestyle-Feeling vermitteln sollen.

In Australien wird »Cherry Guevara« verkauft, ein Eis aus der beliebten Magnum-Reihe von Langnese. Auf der Verpackung steht: »Der revolutionäre Kampf der Kirschen wurde erstickt, als sie zwischen zwei Schokoladenschichten in die Falle tappten – möge ihr Andenken in Ihrem Mund weiterleben!« Und als wäre der blödsinnige Spruch noch nicht genug, nein, auf der Verpackung prangt das weltberühmte Konterfei von Che Guevara. Stand das Foto früher für den revolutionären Kampf, ist es heute kaum mehr als die Lizenz zum Gelddrucken für Poster- und T-Shirt-Fabrikanten.

Der Kapitalismus verfolgt hier drei Strategien: Erstens gibt er sich einen wahlweise umweltbewussten, hippen, sozialverantwortlichen, revolutionären Anstrich. Zweitens wälzt der Kapitalismus die Verantwortung auf die Konsumenten ab, indem er sie fragt: Was tust *du* für die Umwelt und das Wohl der Menschheit? Und drittens saugt er die Kritik von Protestbewegungen einfach auf und vermarktet sie: In seinen Anfängen war HipHop eine Subkultur, die sich gegen Rassismus, Faschismus und Kapitalismus positionierte – heute sind Eminem, Bushido und etliche andere Rapper riesige Marketingmaschinen, die den Plattenfirmen und Künstlern Millionen einbringen. Früher trugen die Ramones, Kurt Cobain und Andreas Baader demonstrativ Chucks-Turnschuhe – und mit ihnen Tausende von »Outlaws« –, heute findet man die Schuhe von Converse, die obendrein vom Sportartikelhersteller Nike geschluckt wurden, sogar an den Füßen von *Bild*-Chefredakteur Kai Diekmann.

Früher haben Bosch und Siemens ihre Waschmaschinen damit beworben, dass sie ihre modernen Fabrikhallen »Made in Germany« zeigten. Heute geht das nicht mehr. Apple kann wohl kaum die chinesischen Foxconn-Werke zeigen, in denen die Lohnsklaven (unter ihnen auch viele Kinder) in 16-Stunden-Schichten und unter übelsten Arbeitsbedingungen das neue iPhone zusammenbauen. Hinter dem leuchtenden Apfel liegt die Finsternis der Ausbeutung. Wenn die Kritik an Apple weiter wächst, dann werden sie genauso zum Greenwashing übergehen, wie es nun schrittweise H&M, C&A, KiK und Co. mit allerlei »Fair-Trade«-Zertifikaten machen. Der US-Musiker Pharrell Williams entwirft Hosen für den Jeanshersteller G-Star und rettet damit laut Werbung die verschmutzten Weltmeere: Für die Jeanskollektion »Raw for the Oceans« wird Plastikmüll aus den Ozeanen gefischt und zu »bionic yarn«, also bionischem Garn, verwoben. Ein lohnendes Geschäft: Eine solche Hose kostet 150 Euro, passgenau auf die LOHAS – »Lifestyles of Health and Sustainability« – zugeschnitten; abermals ist die Einverleibung der Kritik im Preis inbegriffen.

Der Kapitalismus ist »auf seine Gegner angewiesen, auf diejenigen, die er gegen sich aufbringt und die sich ihm widersetzen, um die fehlende moralische Stütze zu finden und Gerechtigkeitsstrukturen in sich aufzunehmen, deren Relevanz er nicht einmal erkennen würde«, diagnostizieren die beiden Sozialwissenschaftler Luc Boltanski und Ève Chiapello.[4] Der Kapitalismus hält sich also nicht deshalb so hartnäckig, weil er sich gegen jede Kritik immunisiert, sondern weil er sie in null komma nix schluckt, sie unwirksam macht und obendrein noch Geld draus zieht. Auch das ist eine Form der Effizienzsteigerung.

Das Carsharing, einst ebenfalls eine Idee der Subkultur, ist längst bei den Autoherstellern angekommen und wird gewinnbringend vermarktet – so rollt der Rubel auch in Zeiten der Pkw-Absatzkrisen und nunmehr fehlenden Abwrackprämien. Selbst wer fast nur Secondhand-Ware konsumiert, läuft Gefahr, beim eBay-Konzern zu landen. Einer der neuesten Trends in Sachen Kritik-Kommerzialisierung dürfte veganes und vegetarisches Essen sein. War die Animal Liberation Front noch eine strikt antikapitalistische Tierrechtsbewegung, die auch vor Tierbefreiungen und Sachbeschädigungen nicht zurückschreckte, so lecken sich jetzt Investoren wie Bill Gates die Finger nach veganem Fleischersatz. Und »bio« ist mittlerweile kein Nischenphänomen mehr, sondern überall anzutreffen in den Supermarktregalen. Für die Konsumenten ist die Situation nicht leicht, oft sind sie hin- und hergerissen zwischen Zustimmung und Boykott – denn natürlich sind Bioprodukte oft *tatsächlich* besser. Es ist ein Teufelskreis. Der »bewusste und nachhaltige Konsum« und die »share economy« bergen jedenfalls die große Gefahr, dass das antikapitalistische Protestbewusstsein einfach weggekuschelt wird.

Der Kulturkapitalismus ist damit weit schwieriger zu kritisieren als der klassische Industriekapitalismus, bei dem man noch simpel sagen konnte: Ihr beutet Menschen für 0,20 Cent Stundenlohn in Bangladesch aus, ihr verschmutzt das Meer mit Unmengen Plastik und ihr holzt die Regenwälder ab. Heute entgegnen die Firmen, sie würden doch ihren Beitrag zum Wohl der Welt leisten, während sie im gleichen Atemzug weiterhin ausbeuten und verschmutzen. Sie suggerieren damit, dass das kapitalistische System zum Paradies führen könne, wenn man hier und da ein paar Schönheitsreparaturen vornähme. Die Revolution ist hinfällig in der Logik des modernen Kapitalismus. Sogar der Begriff der Revolution ist fast schon vollends vom Kapitalismus okkupiert, sodass jetzt Adidas-Schuhe eine »Running Revolution« auslösen sollen und O2 den Slogan »Zeit für eine Revolution« ausrufen kann, um damit irgendwelche Handytarife zu bewerben. Wenn diese Art der Revolution die Lösung sein soll, dann will ich mein Problem zurück.

1 Subcomandante Marcos, *Kassensturz*, Hamburg 2009, S. 69.

2 Erich Mühsam, »Menschlichkeit«, in: ders., *Das seid ihr Hunde wert!*, Berlin 2014, S. 112–114, hier S. 113.

3 Vgl. Jeremy Rifkin, *Access. Das Verschwinden des Eigentums*, Frankfurt am Main 2000.

4 Luc Boltanski und Ève Chiapello, *Der neue Geist des Kapitalismus*, Konstanz 2003, S. 68.

SCHULD AN DER KRISE SIND NUR EIN PAAR PROFITGEIER – ODER:

DIE KAPITALISTISCHE HYDRA

»Wenn irgendeiner meiner Konkurrenten am Ertrinken wäre, dann würde ich ihm einen Schlauch in den Mund stecken und das Wasser aufdrehen. Das ist ein Kampf jeder gegen jeden.«

RAY KROC (GRÜNDER VON MCDONALD'S)

Ohne Kokain keine Krise. Das jedenfalls glaubt David Nutt, Psychiater und Großbritanniens bekanntester Drogenexperte. Die Börsianer und Banker hätten dermaßen viel geschnupft, dass sie nicht kalkulierbare Risiken eingingen, weil sie sich im Drogenrausch wie unbesiegbare Superhelden fühlten. Als Regierungsbeauftragter für Drogenpolitik schrieb Nutt 2008 in einer wissenschaftlichen Publikation, dass der Konsum von Ecstasy nicht gefährlicher sei als Ponyreiten – eine Aussage, die ihn erst eine Entschuldigung und anschließend seinen Job kostete. Bereits kurz nach Ausbruch der Finanzkrise sagte der damalige US-Präsident George W. Bush: »Wall Street got drunk.« Der Alkoholiker Bush sah die Wall Street im Suff, der Drogenforscher Nutt sieht sie auf Koks. 2013 entbrannte in Großbritannien eine Diskussion darüber, ob der polemisierende Nutt mit seinem Urteil ins Schwarze getroffen habe. Die Diskussion lief in den Blogs, auf Facebook und in den Leitmedien wie dem britischen *Guardian*.

Kokain ist keine Randerscheinung. Allein in den USA liegt der Jahresumsatz bei rund 50 Milliarden Euro – das ist mehr, als die Firma Apple in den USA umsetzt. In der EU wird der Handel mit Koks und Co. seit 2013 sogar als »einvernehmliche Transaktionen« ins BIP mit eingerechnet, um die Zahlen zu frisieren.[1] Kokain ist in den westlichen Industrienationen allgegenwärtig. Sogar US-Präsident Obama hat in seiner Autobiografie eingeräumt, in seiner Studienzeit öfter mal eine Line gezogen zu haben.

Doch bei all dem Gerede droht einmal mehr unter den Tisch zu fallen, dass die gegenwärtige Finanzkrise eigentlich nur der Höhepunkt einer permanenten und globalen Krise des Kapitalismus ist. In einer verkürzten

Kritik an den »Abzockern« des Systems schwingt immer die Ansicht mit, dass es einen »guten, anständigen Kapitalismus« geben könne, sofern an der Spitze der Konzerne endlich anständige und verantwortlich handelnde Personen stünden. Doch das ist eine romantische Illusion. Thesen wie die von Nutt implizieren, dass der Kapitalismus einwandfrei funktionieren und der gesamten Welt Wohlstand bringen könne, sobald ein paar Banker auf Entzug seien. Aber: Es ist schnurzpiepegal, ob die Börsenhaie nun völlig high oder clean sind. Die Weltwirtschaftskrise ist nicht das Resultat koksender Finanzjongleure, denen mal eben die Bälle aus der Hand gefallen sind. Sie ist das Resultat eines in sich kaputten Systems namens Kapitalismus.

Auch der Kulturwissenschaftler Joseph Vogl hält wenig davon, ausschließlich einzelne Akteure für die Desaster des Kapitalismus verantwortlich zu machen: »Für mich ist so etwas wie Gewinnstreben keine menschliche Ausstattung, sondern ein systeminduzierter Effekt. So wenig [sic] wie beispielsweise das Falschparken keine menschliche Eigenschaft ist, sondern ein Effekt der Straßenverkehrsordnung.«[2]

Stellen wir uns vor, wir sitzen in einem bestuhlten Konzert. Alle sitzen gemütlich auf ihren Stühlen. Plötzlich steht eine Person auf, um besser sehen zu können. Die Folge: Den anderen Personen wird die Sicht versperrt. Also stehen nach und nach alle auf, um besser sehen zu können. Am Ende sieht wiederum niemand besser – und jetzt müssen obendrein alle stehen, statt gemütlich zu sitzen. Der Kapitalismus führt zu ganz ähnlichen Kettenreaktionen, deren Folgen ziemlich ungemütlich sind.

Natürlich ist es wichtig, individuelle Akteure für ihr Verhalten zu kritisieren. Eine Kritik an Ray Kroc oder Josef Ackermann etwa ist mehr als berechtigt. Es handeln immer Individuen. Deshalb sind auch immer Individuen verantwortlich für ihr Tun. Und man weiß aus einer repräsentativen Umfrage, dass die meisten Bonzen den Hals nicht vollbekommen können: 165 Superreiche mit einem durchschnittlichen Vermögen von 78 Millionen US-Dollar wurden gefragt, wie viel Geld sie denn noch bräuchten, bis sie endlich genug hätten. Die Antwort: Im Durchschnitt wollten die Superreichen ihr derzeitiges Vermögen um 25 Prozent steigern.[3]

Doch eine fundierte Kapitalismuskritik ist blind, wenn sie bloß auf Personen abzielt; und sie ist zahnlos, wenn sie bloß Systemzwänge verantwortlich macht. Machen wir uns nichts vor: Die führenden Köpfe des Kapitals gleichen einer Hydra. Schlägt man einen Kopf ab, wachsen augenblicklich zwei neue nach, und die Marionetten des Kapitals an der Spitze von Unternehmen wie der Deutschen Bank oder Nestlé sind im Grunde beliebig austauschbar. Marx nannte nannte dies »automatisches Subjekt« und die Akteure des Kapitals »Charaktermasken«. Der Gedanke ist zentral für das Verständnis nicht nur der Marx'schen Philosophie, sondern der Funktionsweise des Kapitalismus überhaupt: Die ausgebeuteten Lohnarbeiter und die ausbeutenden Kapitalisten sind *beide zugleich* lediglich Funktionsträger des ihnen übergeordneten automatischen Subjekts. Beide sitzen, so Robert Kurz, im gleichen Boot: »Die Kapitaleigentümer und Manager sind, wie auf einer tieferen Stufe der kapitalistischen Funktionshierarchie auch die Lohnarbeiter, keineswegs die selbstherrlichen Subjekte der kapitalistischen Veranstaltung, sondern selbst bloße Funktionäre der Kapitalakkumulation als Selbstzweck. Um die Paradoxie auf die Spitze zu treiben, ist das wirkliche Herrschaftssubjekt ein toter Gegenstand, das Geld, das in der Rückkoppelung auf sich selbst zum geisterhaften Beweger der gesellschaftlichen Reproduktion wird.«[4]

Die Menschen sind bloß Anhängsel eines Systems, das sich verselbständigt hat. In diesem System konkurrieren alle, ob Unternehmer oder Lohnarbeiter, mit sich selbst. Sie erliegen dem Fetisch des abstrakten Gelds, sie sind Opfer des automatischen Subjekts. Der Markt ist deshalb auch viel mehr als eine bloße Plattform zum Austausch realer Waren, der Markt ist eine zwanghafte Veranstaltung, um dem Götzen des Mehrwerts und Profits zu dienen. Genau deshalb darf die Kapitalismuskritik nicht bei individuellen Akteuren stehenbleiben, sie muss sozusagen das große Ganze ins Visier nehmen, sonst verfehlt sie ihr Ziel.

---

1 In der EU-Verordnung Nr. 549/2013 vom 21. Mai 2013 heißt es: »Illegale wirtschaftliche Vorgänge gelten als Transaktionen, wenn alle beteiligten Einheiten einvernehmlich an ihnen teilnehmen. Beim illegalen Kauf, Verkauf oder Tausch von Drogen oder Diebesgut handelt es sich daher um Transaktionen.«

2 Joseph Vogl, »Eine gute Geschäftsidee«, in: *Der Freitag*, 9. Oktober 2014.

3 Graeme Wood, »Secret Fears of the Super-Rich«, in: *The Atlantic*, April 2011.

4 Robert Kurz, *Marx lesen!*, Frankfurt am Main 2007, S. 57.

WIR MÜSSEN NUR ZURÜCK ZUR SOZIALEN MARKTWIRTSCHAFT – ODER:

DER KAPITALISMUS ALS DAUERKRISE

»Oder geht es Ihnen wie mir? Haben Sie auch nie genügend Geld?«
»Ich? Wieso? Natürlich hab' ich genügend Geld!«
»So richtig reichlich? Mehr als Sie brauchen?«
»Selbstverständlich!«
»Ja, wozu brauchen Sie denn dann noch die Miete?«

KATZE MIT HUT UND HERR MAULWISCH[1]

Bei jeder Krise des Kapitalismus werden Rufe nach der »Sozialen Marktwirtschaft« laut. Politiker, Medien und Stammtische beschwören die gute alte Zeit des »Wirtschaftswunders« und fordern einen sozialen Kapitalismus. Bücher der letzten Jahre tragen Titel wie *Zurück zur sozialen Marktwirtschaft! Warum sich Ludwig Erhard im Grabe umdrehen würde* oder *Ehrliche Arbeit. Ein Angriff auf den Finanzkapitalismus und seine Raffgier.*[2] Die neoliberale, von Wirtschaftsverbänden getragene Denkfabrik Initiative Neue Soziale Marktwirtschaft (INSM) hat die angebliche Verheißung sogar in ihren Namen integriert, um unter diesem Tarnmantel ihre knallharte, neoliberale, auf Profit und Privatisierung getrimmte Propaganda unters Volk zu bringen. Auf einem der riesigen INSM-Werbeplakate, die zum Beispiel im Berliner Hauptbahnhof hängen, prangt das Konterfei von Ludwig Erhard – zusammen mit dessen kapitalistischem Motto: »Je freier die Wirtschaft, umso sozialer ist sie auch.«

Das ist natürlich Unsinn. Je freier die Wirtschaft, desto mehr mutiert sie zum Menschenfresser. Fest steht aber auch: Es gibt kein Zurück zur Sozialen Marktwirtschaft. Der versprochene »Wohlstand für alle«, so der Slogan des Nachkriegs-Wirtschaftsministers und späteren Bundeskanzlers Ludwig Erhard, ist eine Fata Morgana. Da kann Erhard im Grab rotieren wie ein Dönerspieß: diese Epoche, manchmal auch Rheinischer Kapitalismus genannt, war kein mildtätiges Wohlfahrtsprogramm des Kapitals. Vielmehr lässt sich die Soziale Marktwirtschaft anhand soziohistorischer Fakten und Sachzwänge erklären, die – wie jede Epoche des Kapitalismus – einzig und allein auf den größtmöglichen Profit zielte. Was hat es mit dieser Epoche auf sich?

1. Im Zweiten Weltkrieg haben über 55 Millionen Menschen das Leben verloren; die Shoah ist einer der größten Massenmorde der Weltgeschichte. Nach 1945 lag Europa nicht nur moralisch in Trümmern, sondern auch wirtschaftlich. Die zerstörte Infrastruktur musste wieder aufgebaut werden, Straßen, Gebäude und Fabriken wurden errichtet.[3] In Deutschland, Italien und Spanien sprach man vom »Wirtschaftswunder«, in Frankreich von den »Trente Glorieuses« (»dreißig glorreichen Jahren«). Die damalige wirtschaftliche Hochkonjunktur war also überall in Europa anzutreffen, nicht nur in Deutschland. Doch die jüdische Bevölkerung wurde nach dem Zweiten Weltkrieg kaum entschädigt, geschweige denn, dass sie ihre Grundstücke, Fabriken und Güter zurückbekommen hätte, die die Nationalsozialisten geraubt hatten. Das jüdische Familienunternehmen Rosenthal, das schon damals zu den weltweit führenden Porzellanherstellern zählte, wurde 1935 von den Nazis enteignet, und die Familie bekam nach dem Krieg lediglich 11 Prozent ihrer Anteile erstattet.

2. Die USA haben diese Hochkonjunktur entscheidend mitfinanziert, um ihrerseits Profit rauszuschlagen. Am 3. April 1948 hat der Kongress der Vereinigten Staaten das sogenannte European Recovery Program verabschiedet, bekannter unter dem Namen Marshallplan. Die westeuropäischen Staaten erhielten zwischen 1948 und 1952 über 13 Milliarden US-Dollar (umgerechnet auf die heutige Kaufkraft fast 130 Milliarden US-Dollar). Der Marshallplan war kein Akt der Wohltätig-

keit, sondern ein wirtschaftliches Kalkül, das in den 1950ern voll aufging: Die USA haben sich in Westeuropa einen neuen Markt geschaffen. Im Jahr 1953 besaßen 76,3 Prozent aller US-Haushalte eine Waschmaschine, in Westdeutschland nur 3,5 Prozent. Die BRD war für die Konzerne ein wahres Eldorado. Gleichzeitig trug der seit 1950 schwelende Koreakrieg entscheidend dazu bei, dass Deutschland zum Exportland wurde, weil der Krieg die Nachfrage nach deutschen Maschinen und Fahrzeugen maßgeblich ankurbelte.

3. Ein Jahr später, am 7. Oktober 1949, wurde die DDR als Satellitenstaat der Sowjetunion gegründet. Der Sozialismus im Osten setzte den Westen unter Druck, in den eigenen Ländern gewisse soziale Mindeststandards einzuführen. Diese Systemkonkurrenz führte dazu, dass im 1949 verabschiedeten Grundgesetz der BRD die Sozialstaatlichkeit hervorgehoben wurde. Längst vergessen ist zum Beispiel, dass damals sogar die CDU für die Verstaatlichung von Großkonzernen und Banken plädierte! Auf einem CDU-Wahlplakat des Landesverbands Berlin aus dem Jahr 1946 stand wörtlich: »Arbeiter der Stirn und der Faust! Wir stehen am Anfang einer Zeitenwende. Das bürgerlich-kapitalistische Zeitalter ist vorbei! Dem Sozialismus gehört die Zukunft! Arbeiter! Bist Du für eine sinnvoll gelenkte Planwirtschaft? Dann kämpfe mit uns für einen Sozialismus aus christlicher Verantwortung.« Im Ahlener Programm, das die CDU am 3. Februar 1947 verabschiedete, lobte sie den »Weg der Vergesellschaftung«. Die Besatzungsmacht USA schob solchen Bestrebungen ziemlich schnell einen Riegel vor. Zwar schafften es manche Ansätze dennoch ins Grundgesetz – so

etwa Artikel 14, Absatz 2 mit seiner Forderung »Eigentum verpflichtet. Sein Gebrauch soll zugleich dem Wohle der Allgemeinheit dienen« –, doch sie waren und sind zahnlose Papiertiger.

4. Kurz vor der Gründung der BRD kam es im Herbst 1948 zu den »Stuttgarter Vorfällen«. Die Gewerkschaften und Betriebe riefen Generalstreiks aus, über 10 Millionen Beschäftigte legten die Arbeit nieder (die Streikbeteiligung lag bei rund 79 Prozent) und es kam zu schweren Unruhen. Auch Anfang der 1950er kam es immer wieder zu großen Streiks in der noch jungen BRD. Diese Streiks trugen entschieden dazu bei, dass die Marktwirtschaft »soziale« Elemente beinhaltete – zumindest auf dem Papier. Das Bundearbeitsgericht erklärte Generalstreiks 1955 für rechtswidrig. Verantwortlich dafür war der ehemalige Präsident des Bundesarbeitsgerichts, Hans Carl Nipperdey, der sich während des NS-Faschismus fleißig am »Kriegseinsatz der Geisteswissenschaften« beteiligt und maßgeblich das NS-Arbeitsrecht verschärft hatte. Als Begründung für das Verbot von Generalstreiks wurde angeführt, dass wir ja schließlich in einer repräsentativen Demokratie lebten, der politische Wille des Volks also per vierjähriger Kreuzchenwahl artikuliert werde und es deshalb keiner Generalstreiks bedürfe, die ja auch stets eine politische Dimension aufwiesen. So viel zur freiheitlichen Ordnung der BRD und zur angeblichen Tarifautonomie.

5. Im Jahr 1953 bekam Deutschland aufgrund des »Londoner Schuldenabkommens« die Hälfte seiner Schulden erlassen (fast 30 Milliarden DM). Im Zuge dieses Schuldenschnitts verzichteten Deutschlands frühere Kriegsgegner auf die Rückzahlungen, um die deutsche

Wirtschaft anzukurbeln. Auch der griechische Staat verzichtete damals auf Rückzahlungen – Deutschland wiederum weigert sich seit der Krise 2008, Griechenland einen solchen Schuldenschnitt zu gewähren.

6. Ein weiterer Grund für den Boom des »Wirtschaftswunders« ist das Öl, das zu dieser Zeit scheinbar grenzenlos zur Verfügung stand und dementsprechend sehr günstig war. Dass ein unendliches Wachstum mit endlichen Ressourcen unmöglich ist, daran dachte damals kaum jemand. Das änderte sich erst mit der Ölkrise von 1973.

7. Politiker, Medien und Schulbücher kehren eine überaus wichtige Tatsache immer wieder unter den Teppich: Die Wirtschaft konnte damals nur »auf Pump« boomen. Seit den 1930ern war die Wirtschaft stark vom Keynesianismus geprägt: Der Ökonom John Maynard Keynes plädierte kurz gesagt dafür, dass der Staat in Krisenzeiten Kredite aufnimmt, um die Wirtschaft anzukurbeln. Das wichtigste sei, dass die Menschen einer Lohnarbeit nachgehen und den Konsum aufrechterhalten, und sei es, dass die einen sinnlos Löcher in den Boden buddeln, damit die anderen sie wieder zuschütten können. Der Keynesianismus war und ist umstritten. Fest steht, dass diese Vorgehensweise – die Keynes ausschließlich für Krisenzeiten vorsah – auch während des Aufschwungs praktiziert wurde: Während die Wirtschaft nach dem Zweiten Weltkrieg kurzfristig florierte, pumpte der Staat bald darauf Milliarden in die Wirtschaft und Infrastruktur. 1963 hatte die BRD bereits über 28 Milliarden DM an öffentlichen Investitionen getätigt. Mehr als die Hälfte dieser enormen Summe waren Schulden, die die BRD aufgenommen hatte.

Kurz gesagt: Das sogenannte Wirtschaftswunder war keine Magie, sondern ein Wachstum auf Pump. Eigentlich wäre der Boom schon viel früher zu Ende gegangen, hätte es nicht dieses »deficit spending« gegeben. So aber wurde der Boom bis zur Ölkrise der 1970er künstlich um ein Jahrzehnt verlängert. Dann jedoch platzte die Blase, wie eben auch 2008. Die Anomalie ist hierbei weniger die Krise Anfang der 1970er, sondern eher der künstlich verlängerte Boom davor. Anders formuliert: Die 1970er und die Zeit danach waren lediglich eine Rückkehr zum Normalzustand des Kapitalismus.

Die »altehrwürdige« Soziale Marktwirtschaft, zu der so viele zurückkehren wollen, war ein mit Schulden finanzierter Wirtschaftszyklus, der in dieser Form nie wieder eintreten wird. Das Rad der Geschichte dreht sich stets weiter. In den 1970ern drehte es sich – als der Boom zum Erliegen kam – in Richtung des damals aufkeimenden Neoliberalismus. Es gibt viele Marksteine, an denen sich der Beginn der neoliberalen Politik festmachen lässt. Einer davon ist die bereits erwähnte Ölkrise von 1973.

Realwirtschaftlich begann der Neoliberalismus 1971, als Richard Nixon das Bretton-Woods-System beendete. Zuvor konnten die Zentralbanken ihr Gold zum Kurs von 35 US-Dollar pro Feinunze eintauschen. Dadurch hatte man relativ stabile Währungskurse, weil sie an etwas Konkretes gebunden waren: an den US-Dollar und damit an Gold. Am 15. August 1971 jedoch setzte Richard Nixon die Golddeckung des US-Dollars aus, das Geld wurde über Nacht quasi vogelfrei und abstrakt, weil es an nichts Realwirtschaftliches mehr gebunden war. 35 US-Dollar konnten nun, je nach Wirtschaftslage, so viel wert sein wie 3 Gramm Gold oder 3 Kilo. In den 1960ern lagerten drei Viertel der weltweiten Goldbestände im US-amerikanischen Fort Knox. Doch die florierenden Wirtschaftsmächte, allen voran Deutschland und Japan, kauften Fort Knox quasi leer, sodass die USA sich veranlasst sahen, den Goldstandard aufzuheben. Zudem brauchte Nixon billiges Geld, um den immer teurer werdenden Vietnamkrieg zu finanzieren. Zwischen 1970 und 2015 haben sich die Schulden der USA mehr als verfünffacht, parallel mit den Staatsausgaben für das Militär, die sich ebenfalls verfünffacht haben.

Ideengeschichtlich beginnt der Neoliberalismus 1976, als der Ökonom Milton Friedman den Wirtschaftsnobelpreis verliehen bekam. Mit Friedman setzte in den Wirtschaftswissenschaften eine Wende vom Keynesianismus hin zum Monetarismus ein: Der Staat soll die Hände möglichst in den Schoß legen und auf die »unsichtbare Hand« der Märkte vertrauen. Der Hardliner Friedman schrieb das Kochbuch, mit dessen Hilfe Reagan und Thatcher ihr bitterböses Süppchen brauten.[4] Das Rezept entwickelte Friedman schon früh in der bereits 1947 gegründeten und heute noch aktiven Mont Pèlerin Society. Das Ziel dieses neoliberalen Thinktank, der unter der Federführung Friedrich von Hayeks entstand, war und ist es, die Machteliten vom Neoliberalismus zu überzeugen – offenbar mit schrecklichem Erfolg. Der Wegfall des Goldstandards ist ebenso auf dem Mist dieses Thinktank gewachsen wie die bis heute anhaltende Privatisierungswelle.

Geopolitisch steht das sogenannte Afrikanische Jahr 1960 stellvertretend für die Dekolonisation des globalen

Südens: Viele der europäischen Kolonien, die zuvor bis auf den letzten Tropfen ausgebeutet wurden, erlangten ihre formale Unabhängigkeit. Die Ausbeutung ging natürlich weiter, doch mussten viele der verlorenen Kolonien erst wieder »zurückerobert« werden – sei es mit einer Reorganisation der Märkte, sei es mit einer gnadenlosen Schuldknechtschaft oder mit verdeckten, von Geheimdiensten getragenen Putschversuchen, um gefällige Diktatoren als Handlanger des Westens einzusetzen. Es ist kein Zufall, dass der Putsch in Chile genau auf diese Zeit fällt: Am 11. September 1973 putschte das Militär in Chile gegen den drei Jahre zuvor demokratisch gewählten Präsidenten Salvador Allende. Der Präsident starb während des Putschs, der maßgeblich eine verdeckte Operation der CIA war. Anschließend errichtete Augusto Pinochet eine Militärdiktatur, die bis zum 11. März 1990 an der Macht blieb und eng mit den USA kooperierte. Die marktliberale Wirtschaftsordnung unter Pinochet fußte maßgeblich auf den Modellen Milton Friedmans, der eng mit dem Diktator befreundet war. Global gesehen beginnt der Neoliberalismus also im »Testlabor« Chile; und allerspätestens dort wurde klar: Der Kapitalismus liebt Diktaturen, eignen sie sich doch hervorragend dafür, um aus den drangsalierten Menschen Profite rauszuschlagen.

Politisch setzt der westliche Neoliberalismus 1979 ein, als die Eiserne Lady Margaret Thatcher zur Premierministerin des Vereinigten Königreichs gewählt wurde. Im Jahr 1981 wurde ihr neoliberaler Kompagnon, Ronald Reagan, US-Präsident. Kurz darauf wurden in fast allen westlichen Industrienationen die Steuern für Großkonzerne massiv gesenkt, während die Sozialleistungen ebenso massiv gekürzt wurden. Gleichzeitig setzte eine massive und bis heute andauernde Privatisierungswelle ein, die selbst die Kernfelder des Staates erfasste, wie etwa Krankenhäuser, Schulen, Energieversorgung, Kommunikation und Verkehr. Milton Friedman wollte sogar die Nationalparks privatisieren; kurzum, der Staat sollte alles verscherbeln und in die Hände der Konzerne geben.

Thatcher stand dabei zunächst vor einem Problem: Hätte sie alles privatisiert, Streiks niedergeschlagen und Sozialleistungen gekürzt, dann hätte sie die Mehrheit ihrer Wähler verloren. In der Tat erreichte die Eiserne Lady nach drei Jahren Amtszeit Zustimmungswerte von gerade einmal 25 Prozent. Mit einem ebenso genialen wie fiesen Schachzug holte sich Thatcher ihre Wähler zurück: Sie privatisierte die staatlichen Sozialwohnungen und bot diese anschließend den Mietern zum Kauf an. Hunderte Menschen landeten auf der Straße. Die neuen und nunmehr hoch verschuldeten Eigentümer der ehemaligen Sozialwohnungen aber – Arbeitslose, Geringverdiener, Arbeiter – identifizierten sich plötzlich mit Thatchers Politik im Interesse der Eigentümer, denn sie waren ja jetzt selbst welche. Ein ähnliches Muster bieten die »Ich-AGs«, wo Arbeitslose plötzlich Unternehmerinteressen entwickeln sollen. Thatcher jedenfalls war lange Zeit erfolgreich mit ihrem neoliberalen Kurs, den sie vor allem zwischen 1984 und 1988 voll durchsetzen konnte: In diesem Zeitraum privatisierte die Thatcher-Regierung British Airways, British Telecom, British Petroleum (BP) und etliche andere Staatsbetriebe.

Auf welches Datum auch immer man den Beginn des Neoliberalismus ansetzen will, fest steht, dass ab den

1970ern ein anderer Wind wehte, der bis heute nicht abgeflaut ist. Im Jahr 1970 betrug die offizielle Arbeitslosenquote in Westdeutschland noch sage und schreibe 0,7 Prozent, 1975 lag sie bereits bei 4,7 Prozent und zehn Jahre später waren es 9,3 Prozent. Der Anstieg der Arbeitslosigkeit hatte auch damit zu tun, dass die Industrie ihre Arbeit verstärkt in die verlängerten Werkbänke und Sweatshops des globalen Südens auslagerte und während der West-Ost-Annäherung auch in die DDR.

Leiharbeit, Hartz IV, gestrichene Sozialleistungen – all das sind die Früchte der neoliberalen Agenda. Kurz nach dem Zweiten Weltkrieg fürchteten die Vermögenden und Herrschenden um ihre Macht und boten den Menschen in den westlichen Industriestaaten vereinfacht gesagt einen Deal an: Wenn ihr eure Generalstreiks und überhaupt den Klassenkampf beendet, dann sichern wir euch Gewerkschaften und Sozialleistungen zu. Die »soziale Frage« sollte durch die Verheißungen des »sozialen Aufstiegs« entschärft werden. Bis zum Beginn des Neoliberalismus funktionierte das ganz gut: Die Produktivität und vor allem die Einkommen stiegen, sodass sich die Konsumgesellschaft voll entfalten konnte.

Doch allerspätestens in den 1980ern war klar, dass das Kapital diese Verheißungen unmöglich für alle Menschen einlösen kann. Seitdem wurden die Menschen jeden Tag millionenfach mit Kreditangeboten überschüttet. Das Bündnis aus Staat und Kapital signalisierte den Leuten: Macht's wie wir – verschuldet euch. Nach uns die Sintflut. Und die Rechnung ging auf: Die Menschen nahmen und nehmen millionenfach Kredite auf für Autos, Häuser und Wohnungen, Studiengebühren, Hochzeitsfeiern, Karibikreisen. Oft genug haben die Banken diese Kredite zu dem Zeitpunkt auf dem Markt angeboten, als staatliche Einrichtungen privatisiert wurden: Die Privatisierung zahlreicher US-Universitäten führte ebenso zu einer (durchaus gewünschten) Schuldenfalle wie die Privatisierung von Sozialwohnungen und die Entstaatlichung des Gesundheitswesens.

In den USA stehen die Privathaushalte mit exorbitanten 15 Billionen US-Dollar in der Kreide. Allein die Schulden für Studienkredite belaufen sich auf über 1,2 Billionen US-Dollar. Die Immobilienblase, die 2008 unweigerlich implodieren musste, bezeugt, wie der dahinsiechende Kapitalismus sich auf Pump über Wasser zu halten versuchte. Parallel zum neuen Kreditboom hob der US-Kongress 1980 die Bundesgesetze gegen Zinswucher auf, die Kreditzinsen auf 7 bis 10 Prozent begrenzt hatten. Ab 1980 waren Zinssätze von 25 bis 50 Prozent möglich, das Geld wurde abermals vogelfrei – wie schon bei der Abschaffung des Goldstandards 1971. Der Zinswucher traf vor allem den ohnehin ausgebeuteten globalen Süden, der nun größte Probleme hatte, die horrenden Zinssätze für die aufoktroyierten Schulden zu zahlen. Gefangen im Schuldenschock mussten sich viele Länder der Weltbank und dem IWF ausliefern, wodurch sie vollends vom Strudel der Krise erfasst wurden.

Oft wird der Neoliberalismus mit dem Finanzkapitalismus gleichgesetzt. Als der Goldstandard wegfiel, wurden die Wechselkurse frei und das Geld abstrakter; es wurde »Fiat-Geld«, das lediglich durch das öffentliche Vertrauen gedeckt ist. Geld ist schließlich nichts anderes als ein Versprechen dafür, dass ich dieses Geld in konkrete Güter umtauschen kann. Aber ein Goldstandard macht die Sache nicht unbedingt besser. Gold ist an sich bloß ein Metall und hat kaum einen Gebrauchswert, ganz im Gegensatz zu einem Kilo Kartoffeln oder einem Laib Brot. Doch das Kapital buddelt tonnenweise Gold aus dem Boden, um es anschließend wieder in den Tresorräumen der Banken zu verbuddeln. Gold ist nichts weiter als ein Versprechen: Wenn wir mit einer Goldmünze bezahlen, dann vertraut der Verkäufer darauf, dass er mit der nun erhaltenen Goldmünze seinerseits etwas bezahlen kann, was demselben Wert entspricht.

Der moderne Kapitalismus, der gerade einmal um die 300 Jahre alt ist, stößt immer wieder an seine ihm innewohnenden Grenzen. Doch mit dem Ende des Bretton-Woods-Systems konnte sich das Kapital auf neue Abenteuerfahrt begeben. Man investierte zunehmend in Kredite, Hedgefonds, Derivate und andere verschachtelte Finanzinstrumente, da sich mit Finanzgeschäften weit mehr Profit rausschlagen ließ als in der Realwirtschaft. Und Profit ist das einzige Ziel des Kapitalismus. Ein Betrieb oder Großkonzern, der Kredite aufnimmt, um ein Produkt auf den Markt zu bringen, muss zwangsläufig immer mehr Geld anhäufen, weil er nun Schulden und Zinsen zurückzahlen muss. Der zerstörerische Zwang zum Wachstum gehört zum Kapitalismus wie Asterix zu Obelix – sie sind untrennbar verbunden. Es handelt sich um ein abstruses, von Menschen erfundenes Wirtschaftssystem, das allein dem Zweck dient, Geld und noch mehr Geld anzuhäufen. Natürlich hat das bereits Karl Marx durchschaut: »Die allgemeine Formel des Kapitals ist G – W – G'; d.h.

eine Wertsumme wird in Zirkulation geworfen, um eine größere Wertsumme aus ihr herauszuziehen. Der Prozess, der diese größere Wertsumme erzeugt, ist die kapitalistische Produktion; der Prozess, der sie realisiert, ist die Zirkulation des Kapitals. Der Kapitalist produziert die Ware nicht ihrer selbst wegen, nicht ihres Gebrauchswerts oder seiner persönlichen Konsumtion wegen. Das Produkt, um das es sich in der Tat für den Kapitalisten handelt, ist nicht das handgreifliche Produkt selbst, sondern der Wertüberschuss des Produkts über den Wert des in ihm konsumierten Kapitals.«[5]

Auch in den 1970ern suchte das Kapital verzweifelt nach neuen Wegen, um auf Teufel komm raus Profite zu machen, denn die Wirtschaft lag brach. Und die Auswege, die sich das Kapital anschließend sucht, werden immer abenteuerlicher. Weil die künstlich aufrechterhaltene Realwirtschaft spätestens in den 1970ern keine Früchte mehr abwarf, musste sich das Kapital in die noch künstlichere Welt der Hedgefonds und Derivate flüchten. In den 1980ern tauchten auf den Fernsehbildschirmen die ersten Laufbänder mit den aktuellen Börsenkursen auf und Manager und leitende Angestellte wurden mit Aktien ihrer eigenen Konzerne bezahlt. Innerhalb der kapitalistischen Logik war dieser Schritt unausweichlich. Denn hätten Wirtschaft und Politik den Kurs in den 1970ern nicht geändert, wäre die globale Wirtschaft schon damals unweigerlich implodiert. So aber haben Wirtschaft und Politik den Kollaps des Kapitalismus hinausgezögert. Fest steht jedoch auch, dass eine Rückkehr zur »Sozialen Marktwirtschaft« für das Kapital ausgeschlossen war – und zukünftig nicht mehr möglich sein wird.

Im Jahr 1992, als viele Menschen »E-Mail« oder »surfen« nicht mal dem Wort nach kannten, wurde das Internet bereits für Finanztransaktionen freigegeben. Das Kapital wanderte weg von den Banken, hin zu privaten, oft halblegalen, aber auf jeden Fall undurchsichtigen Handelsplattformen. Der Keynesianismus wurde begraben und durch ein weit größeres Übel, den Neoliberalismus, ersetzt. Während sich der Keynesianismus immer noch gegen den Ausverkauf des Staats wendete und eine staatliche Grundversorgung der Bürgerinnen und Bürger befürwortete, lehnt der Neoliberalismus dies rigoros ab.

In den 1960ern entfielen rund 15 Prozent der inländischen Gewinne in den USA auf den Finanzsektor, rund 50 Prozent auf die Produktion. 2005 jedoch kassierte der Finanzsektor fast 40 Prozent der Gewinne, der Produktionssektor aber nur noch weniger als 15 Prozent.[6] Die Verlagerung hin zu einem Finanzkapitalismus mitsamt seinem »jobless growth« ist also offensichtlich. Ebenso klar ist, dass eine Senkung der Unternehmenssteuer (wie sie damals in den Industrienationen eingeläutet wurde) keineswegs die realwirtschaftliche Produktivität und die Löhne erhöht oder die Arbeitslosigkeit verringert, wie es viele Politiker und Wirtschaftsverbände bis heute propagieren. Mittlerweile beträgt das (realwirtschaftliche) jährliche Weltsozialprodukt rund 60 Billionen US-Dollar, das Gesamtvolumen aller Finanztransaktionen beträgt jedoch über 600 Billionen US-Dollar.[7] Das virtuelle Geld, mit dem gehandelt und spekuliert wird, hat also überhaupt keine reale Entsprechung und ist rein fiktiv und spekulativ. Natürlich sollten die Regierungen solchen Geschäfte den Garaus machen (was seit 2008 nicht geschehen ist). Aber das ist nur die halbe Miete, denn das *gesamte* kapitalistische System ist das Problem. Wenn man einzig und allein diesen Finanzkapitalismus kritisiert, der oft auch »Turbokapitalismus«, »Raubtierkapitalismus«, »Anarchokapitalismus« oder »Kasinokapitalismus« genannt wird, dann impliziert man damit schnell, dass der bloße Kapitalismus gar nicht so übel sei, sobald man die Turbo-, Raubtier-, Anarcho- oder Kasinoaspekte weglassen würde. Sprich, diese Begriffe verschleiern, dass der Kapitalismus an sich schon ein Übel ist.

Offen bleibt, welchen Fluchtweg das Kapital diesmal wählen wird. Die Prognose vieler Ökonomen, dass es in einen »grünen Kapitalismus«, zum Beispiel in regenerative Energiegewinnung, investieren werde, hat sich offensichtlich nicht bewahrheitet. Realwirtschaftlich flüchtete das Kapital vor allem nach 2008 in die Agrarindustrie und löste mit dem bereits erwähnten Land Grabbing eine neue Welle des Allmende-Raubs und Kolonialismus aus. In Kambodscha beispielweise hat die Regierung bereits 2,6 Millionen Hektar Land an Großinvestoren verscherbelt, das sind über 65 Prozent der gesamten Anbaufläche Kambodschas. Im Jahr 2008 gab es in Kambodscha keinen einzigen Quadratmeter, auf dem Zuckerrohr angebaut wurde; 2013 waren bereits auf über 100 000 Hektar Zuckerrohrplantagen installiert. Den Deal hat die EU eingefädelt, um billig an Zucker zu kommen. Sämtliche Schutzzölle wurden gestrichen, die Investoren vertrieben die Kleinbauern gewaltsam von ihrem Land und schließlich konnte Kambodscha 2013 für 50 Millionen Euro Zucker an die EU verkaufen. Insgesamt sind schon über 600 000 Kambodschaner vom

Landraub betroffen.[8] Und auch in der EU selbst greift das Land Grabbing massiv um sich: Bereits über 70 Prozent der landwirtschaftlichen Flächen in Deutschland gehören nicht mehr den Bäuerinnen und Bauern, die sie bewirtschaften.[9] Und in Rumänien, wo die Hektarpreise weltweit am stärksten in die Höhe schnellen, beträgt die jährliche Preissteigerung rund 40 Prozent. Zwischen 2002 und 2012 stiegen die dortigen Hektarpreise um 1817 Prozent.[10]

Suriya Moorthy, Berater für Agrarinvestitionen aus Malaysia und seit 40 Jahren im Palmölbusiness, rechnet vor: Mit 100 Millionen US-Dollar »können Sie sich selbst eine Plantage mit 10 000 Hektar kaufen. Mit dem heutigen Hybrid-Saatgut für Palmen können Sie bereits nach 24 Monaten mit der Ernte beginnen. Im dritten Erntejahr können Sie 30 Tonnen pro Hektar erzielen. Das ist eine ganze Menge. Grob gesprochen verdienen Sie jedes Jahr 38–40 Millionen Dollar. Jedes Jahr! Ich finde, das ist sehr gut. Sie werden lächeln, wann immer Sie Ihre Bank besuchen.«[11] Die Regierungen aller westlichen Industrienationen begünstigen dieses Business. Damit das Palmöl seinen Weg in unsere Autotanks, Tiefkühlpizzas und Shampoos findet, werden hektarweise Land geraubt und ebenso viel Regenwälder zerstört.

Noch findet das Kapital weltweit Verwertungspotenziale – und geht dafür über Leichen. Die offene Frage lautet, ob irgendwann alle Verwertungspotenziale erschöpft sind und sich das Kapital dann buchstäblich den Ast absägt, auf dem es sitzt? Und was kommt dann?

1 Die Katze mit Hut im Gespräch mit dem Hausbesitzer Herrn Maulwisch, der die ausstehende Miete eintreiben will, zitiert nach Simon und Desi Ruge, *Katze mit Hut*, Weinheim 1980, S. 101.

2 Ulrich Horstmann, *Zurück zur sozialen Marktwirtschaft!*, München 2014, sowie aus der Feder des Arbeitsministers von 1982 bis 1998: Norbert Blüm, *Ehrliche Arbeit*, Gütersloh 2011.

3 Christoph Weber, *Unser Wirtschaftswunder. Die wahre Geschichte*, ARD, 15. Juli 2013.

4 Vgl. dazu Naomi Klein, *Die Schock-Strategie*, Frankfurt am Main 2007.

5 Karl Marx und Friedrich Engels, *Das Kapital*, Bd. 3, in: MEW, Bd. 25, S. 51.

6 Benjamin Kunkel, *Utopie oder Untergang*, Berlin 2014, S. 140.

7 Thomas Piketty, *Das Kapital im 21. Jahrhundert*, München 2014.

8 Kurt Langbein, *Landraub*, Wals bei Salzburg, S. 77 ff.

9 Brigitte Zarzer, »Land Grabbing in Europa«, in: *Telepolis*, 3. Dezember 2015.

10 Dietmar Bartz und Heike Holdingshausen, »Grabbing. Die große Landgier«, in: Heinrich-Böll-Stiftung u. a. (Hg.), *Bodenatlas*, Berlin 2015, S. 26 f.

11 Kurt Langbein, *Landraub*, Wals bei Salzburg, S. 111, zitiert nach Presseheft zum Film *Landraub*, S. 10.

DER KAPITALISMUS MACHT ALLE MENSCHEN FREI – ODER:

DIE FREIHEIT NEHM ICH DIR

»Wo Abhörapparate mit Selbstverständlichkeit verwendet werden, da ist die Hauptvoraussetzung des Totalitarismus geschaffen; und damit dieser

Diese Zeilen schrieb der Philosoph Günther Anders im Jahr 1980. Und recht hatte er. Spätestens seit dem Sommer 2013, als Edward Snowden die Welt über die gigantische Abhörmaschinerie der westlichen Geheimdienste aufklärte, wissen wir: Diejenigen, die alles kontrollieren, sind der Kontrolle entzogen. Die NSA und andere Geheimdienste haben enorme technologische Möglichkeiten, und sie agieren im Verborgenen. Und der teuflische Cocktail aus Technik, Macht und Unsichtbarkeit führt zwangsläufig zum Totalitarismus. In Platons *Politeia* findet sich die aufschlussreiche Erzählung vom Ring des Gyges: Eines Tages entdeckte der arme Hirte einen Leichnam, an dessen Finger sich ein goldener Ring befand. Gyges steckte sich den Ring an seinen Finger und fand schnell heraus, dass er – wenn er am Ring drehte – sich mit dessen Hilfe unsichtbar machen konnte. Und was tat Gyges? Erst schlich er sich in die Gemächer des Königs Kandaules, um dessen wunderschöne Frau heimlich zu beobachten. Gelegenheit macht Spanner. Und was tat er dann? Platon erzählt es uns:

»Da habe er denn dessen Weib zum Ehebruch verführt, habe in Gemeinschaft mit ihr dem Könige nachgestellt, ihn ermordet und sich der Herrschaft bemächtigt. Wenn es nun zwei solcher Ringe gäbe und den einen der Gerechte sich ansteckte, den andern der Ungerechte, so wäre, wie mir scheint, wohl keiner von so eherner Festigkeit, dass er bei der Gerechtigkeit bliebe und es über sich gewänne, fremden Gutes sich zu enthalten und es nicht zu berühren, trotzdem dass er ohne Scheu sogar vom Markte wegnehmen dürfte, was er wollte, und in die Häuser hineingehen und beiwohnen, wem er wollte, und morden und aus dem Gefängnis befreien, wen er wollte, und überhaupt handeln wie ein Gott unter den Menschen. Wenn er aber so handelte, so würde er nicht verschieden von dem andern verfahren, sondern beide gingen denselben Weg. Und doch wird man dies als ein sicheres Zeichen betrachten, dass niemand freiwillig gerecht ist, sondern infolge von Nötigung, weil es für den Einzelnen nichts Gutes ist; denn glaubt sich jeder imstande Unrecht zu tun, so tut er's.«[2]

Gyges tötete also König Kandaules, bestieg dessen Thron und riss die Herrschaft über das Königreich von Lydien an sich. Die Moral von der Geschichte war Platon durchaus klar: Der Ring des Gyges ist ein Prüfstein für moralisches Handeln.

Sobald jemand im Besitz von Gerätschaften ist, die ihm die Macht der Unsichtbarkeit verleihen, ist es zwangsläufig vorbei mit ethischen Normen und vertraglichen Vereinbarungen. Ob jemand gerecht oder ungerecht ist, ist nebensächlich, denn Macht korrumpiert selbst die »ehernste Festigkeit«. Selbst der durch und durch liebenswerte Hobbit Frodo wird durch die Macht des Rings schier um den Verstand gebracht. Der Herr der Ringe kann unmöglich Herr seiner selbst sein.

Wer geriete mit dem Ring des Gyges nicht in Versuchung? Ein Spaziergang im Banktresor? Ein voyeuristischer Blick? Oder eben die totale Überwachung? Gelegenheit macht Lauscher. Dann aber kam Edward Snowden und huch, siehe da: der Kaiser war nackt. Gyges war entblößt, enttarnt, demaskiert. Auf die Enthüllungen folgten die Empörungen und bald darauf naive Politiker, die die Sache für beendet erklärten. Wer's glaubt. Doch leider sieht es tatsächlich so aus, als würde sich am Ende keiner die Finger verbrennen. Die Unsichtbaren bleiben eben unsichtbar. Und solange die Technik zur Bespitzelung existiert, so lange werden ihre Besitzer auch bespitzeln.

Es ist höchst naiv, zu glauben, dass die Geheimdienste freiwillig vom digitalen Hausfriedensbruch ablassen oder dass man sie auch nur ansatzweise kontrollieren kann. Denn Gesetze gibt es bereits, zum Beispiel heißt es in der Europäischen Menschenrechtskonvention unter Artikel 8, Absatz 1: »Jede Person hat das Recht auf Achtung ihres Privat- und Familienlebens, ihrer Wohnung und ihrer Korrespondenz.« Aber wem nützt das? Die beteiligten Staatsmächte werden aus der Spitzelaffäre nicht geschwächt, sondern gestärkt hervorgehen. Sind die Enthüllungen letztlich nicht eine großartige Machtdemonstration für alle Staaten und Bürger? Alle Welt sieht nun den omnipotenten Gyges – und alle Welt hat nun guten Grund, ihn zu fürchten. Abschreckende Bauernopfer gibt es zuhauf: Chelsea Elizabeth Manning, die die Machenschaften des US-Militärs aufdeckte und an WikiLeaks weitergab, schmort für 35 Jahre im Gefängnis. Der Aktivist Aaron Swartz, der sich für den freien Zugang zu Wissen engagierte und etliche Machenschaften von US-Konzernen aufdeckte, wurde von den US-Behörden 2013 in den Suizid getrieben. Edward Snowden und Julian Assange können sich weltweit nicht mehr frei bewegen und müssen jederzeit mit einem Attentat auf ihre Person rechnen. Was kann sich ein Kaiser mehr wünschen?

»Diplomatie soll immer aufrichtig und vor aller Welt getrieben werden.« Von Julian Assange? Von Edward Snowden? Falsch. Von Woodrow Wilson, Friedensnobelpreisträger und Verfasser des berühmten 14-Punkte-Programms. Aus dieser Rede von 1918 stammt der zitierte Satz. Das Programm gilt als gedanklicher Vorreiter für die Gründung der Vereinten Nationen – doch die Kernaussage gilt vielen Staaten als Schnee von gestern.

Wenn Regierungen den Ring des Gyges tragen und nicht den Atem der Öffentlichkeit im Nacken spüren, verraten sie schnell ihre eigenen Ideale. Paradebeispiel USA: Die selbst ernannte Weltpolizei macht allerlei krumme Geschäfte mit Schurkenstaaten und verstößt in Afghanistan, im Irak und im US-Foltergefängnis Guantanamo gegen zahlreiche Menschenrechte. Der von starkem Medieninteresse begleitete Folterskandal von Abu Ghraib ist dabei nur die traurige Spitze des Eisbergs. Was zuvor jeder vermutet hat, kann man bei WikiLeaks schwarz auf weiß nachlesen.

Die USA bombardierten 2003 den Irak und gaben im Nachhinein kleinlaut zu, dass es dort gar keine Massenvernichtungswaffen gab. Kaum war der Irak besiegt, ging eine gigantische Privatisierungswelle durchs Land. Viele der rund 200 Staatsbetriebe wurden privatisiert, über eine halbe Millionen Staatsbedienstete wurden entlassen, die Körperschaftssteuer (also die Besteuerung von Kapitalgesellschaften) sank von 45 auf 15 Prozent und 2006 eröffnete das erste McDonald's-Restaurant in der Hauptstadt Bagdad. Nur kurz nach den GIs landeten auf dem Flughafen von Bagdad Vertreter großer US-Firmen, um im Irak neue Märkte zu erschließen. Die USA bomben nicht für Menschenrechte und auch nicht gegen vermeintliche Massenvernichtungswaffen, sondern für den Profit. Die Zahlen sprechen für sich: Allein im Haushaltsjahr 2003 vergab die US-Regierung unter George W. Bush Aufträge in Höhe von 327 Milliarden US-Dollar an private Firmen.[3]

Das Vorgehen hat System: Bereits 1953 unterstützte die CIA im Zuge der »Operation Ajax« den Sturz des demokratisch gewählten iranischen Premierministers Mohammed Mossadegh, um anschließend General Fazlollah Zahedi an die Macht zu hieven. Ein Jahr darauf unterstützte die CIA den Putsch gegen den demokratisch gewählten Präsidenten von Guatemala, Jacobo Arbenz Guzmán, um anschließend den Diktator Carlos Castillo Armas ins Amt zu bringen. Über 250000 Menschen verloren im anschließenden Bürgerkrieg das Leben. Die CIA arbeitete damals eng mit der United Fruit Company zusammen, bekannt für die weltweit verkauften Chiquita-Bananen. Und, welch Zufall, der damalige CIA-Direktor Allen Welsh Dulles war zugleich als Rechtsanwalt und Lobbyist für die United Fruit Company tätig. Es folgten etliche andere CIA-Aktionen, unter anderem die Invasion in der Schweinebucht 1961, um die Regierung Fidel Castros zu stürzen; die Beteiligung der CIA bei der Verhaftung Nelson Mandelas 1962; die Ermordung Che Guevaras 1967 und der Vietnamkrieg von 1955 bis 1975.

Die USA unterstützten 1973 in Chile einen Militärputsch, stürzten die demokratisch gewählte Regierung unter Salvador Allende und verhalfen dem Diktator Augusto Pinochet an die Macht, der die Bevölkerung bis 1990 terrorisierte. Allende war den USA ein Dorn im Auge, verfolgte er doch die Verstaatlichung vieler Großkonzerne – darunter die Kupferminen des Landes, die weltweit am meisten förderten und fest in der Hand von

US-amerikanischen Profiteuren waren. Die US-Regierung beauftragte die CIA mit der Liquidierung Allendes und dessen demokratisch gewählter Regierung; anschließend bekamen die Chilenen den brutalen Diktator Augusto Pinochet und dessen Denker und Lenker Milton Friedman den Nobelpreis.

Unter dem Decknamen »Operation Condor« folterten und ermordeten in den 1970er- und 1980er-Jahren die Militärregierungen von Argentinien, Chile, Paraguay, Uruguay, Bolivien und Brasilien mit Billigung der USA Tausende Menschen: über 50 000 Ermordete, 350 000 verschleppte und bis heute verschwundene Menschen und 400 000 Gefangene gehen auf das Konto der »Operation Condor«, die logistisch und technisch vom FBI und von der CIA unterstützt wurde.[4] Auch der BND hatte seine Finger im Spiel, von der paramilitärischen NATO-Einheit »Gladio« ganz zu schweigen.

Es gibt unzählige solcher Fälle, wo die ach so freiheitlichen Staaten die Menschenrechte mit Füßen treten.[5] Die kapitalistischen Demokratien können ganz wunderbar mit Diktaturen leben – solange sie ihren Interessen dienen. Die Heirat zwischen Demokratie und Kapitalismus ist kein Selbstläufer, inzwischen ist sie fast geschieden.[6]

Lange vor Edward Snowden bekam der US-Amerikaner Phil Zimmermann die eiserne Faust des Staates zu spüren, als er 1991 PGP erfunden hatte, den heute gängigsten Verschlüsselungsstandard für E-Mails und Dokumente. Zimmermann stellte PGP (Pretty Good Privacy) kostenlos ins Internet, und die Verschlüsselungstechnik erfreute sich rasch großer Beliebtheit. Weil PGP auch außerhalb der USA zum Einsatz kam, ermittelten die US-Behörden wegen »Exports von Munition« gegen Zimmermann – kryptografische Techniken sind in den Augen der US-Regierung eben gleichzusetzen mit Waffen. Die Ermittlungen gegen Zimmermann wurden erst 1996 eingestellt. Nicht ganz so glimpflich erging es einem anderen Anbieter von Verschlüsselungstechnik, als Snowden im Sommer 2013 die Weltöffentlichkeit über die Machenschaften der Geheimdienste informierte. Am 8. August 2013 musste der E-Mail-Anbieter Lavabit seinen Betrieb einstellen: Lavabit bot seinen Kunden ein extrem gut verschlüsseltes E-Mail-Programm an; zu gut in den Augen der US-Regierung und des FBI, die Lavabit kurzerhand den Strom abdrehten. Reaktionäre Politiker reagieren ziemlich schnell, wenn es darum geht, unliebsame Internetseiten ins digitale Nirwana zu schicken. Das gilt nicht nur für Staaten wie China, sondern eben auch für die selbst erklärten Hüter der Freiheit wie die USA.

Der Staat, ergebener Diener des Kapitalismus, hat eine gewaltige Bürokratie- und Überwachungswalze geschaffen. Drakonische Gefängnisstrafen für Whistleblower haben ebenso System wie die Strafmaßnahmen bei vermeintlichen Vergehen gegen die Hartz-IV-Auflagen. Die Menschen sollen einerseits überwacht werden, andererseits soll ihnen systematisch der Glaube ausgetrieben werden, dass eine Welt ohne Kapitalismus möglich sei. Die Anarchistin Emma Goldman kritisierte schon 1908, dass all die Überwachungsaktionen, Gesetze und Strafen kaum etwas bringen: »An das stereotypische Argument, die Regierung gebiete Verbrechen und Laster Einhalt, glauben nicht einmal die Gesetzgeber selbst. In diesem Land werden Millionen von Dollar dafür ausgegeben, dass Kriminelle hinter Gittern bleiben, und dennoch gibt es immer mehr Verbrechen. Sicher ist diese Tatsache nicht einer unzureichenden Gesetzgebung geschuldet! 90 Prozent unserer Verbrechen stehen in Verbindung mit Eigentum und sind in unseren wirtschaftlichen Ungleichheiten verwurzelt. Solange diese weiter bestehen, können wir jeden Laternenpfahl in einen Galgen umwandeln, ohne dass das auch nur die geringste Auswirkung auf das Verbrechen in unserer Mitte haben wird.«[7]

Der Staat mitsamt seinem Bürokratie- und Paragrafenapparat dient bis heute hauptsächlich dem Ziel, das Eigentum zu schützen, vor allem das Großeigentum. Insofern bekämpft er seit Jahrhunderten lediglich gesellschaftliche Symptome der Kriminalität, statt an die Ursachen zu gehen. Aus staatlicher Sicht ist das natürlich sinnvoll und auch so gewollt. Aber die Menschen, von denen zumindest auf dem Papier alle Souveränität ausgehen soll, müssen sich klarmachen, dass Großeigentum Diebstahl bedeutet. Bertolt Brechts Zeilen aus der *Dreigroschenoper* sind leider zeitlos: »Was ist ein Dietrich gegen eine Aktie? Was ist ein Einbruch in eine Bank gegen die Gründung einer Bank?«[8] Wenn man zehntausend Euro klaut, gilt das als Verbrechen; wenn man eine Milliarde Euro klaut, gilt das als freie Wirtschaft. Erst kam der Allmende-Raub, dann kamen die Fabriken und schließlich die Großbanken. Der Kapitalismus preist floskelhaft die Freiheit, wo in Wirklichkeit massive Unfreiheit herrscht. Der Kapitalismus ist nicht das »Ende der Geschichte«, sondern das Ende der Freiheit.

1 Günther Anders, *Die Antiquiertheit des Menschen*, Bd. 2, München 2002, S. 221.

2 Platon, *Politeia*, Darmstadt 2005, 360 a–c.

3 Naomi Klein, *Die Schock-Strategie*, Frankfurt am Main 2007, S. 419.

4 John Dinges, *The Condor Years*, New York 2005; Archiv der CIA-Dokumente: www2.gwu.edu/~nsarchiv/news/20001113

5 Zu den Machenschaften der CIA: Tim Weiner, *CIA. Die ganze Geschichte*, Frankfurt am Main 2009.

6 Slavoj Žižek, *Ärger im Paradies*, Frankfurt am Main 2015.

7 Emma Goldman, »Was ich denke«, in: dies., *Anarchismus und andere Essays*, Münster 2013, S. 17–39, hier S. 21.

8 Bertolt Brecht, »Die Dreigroschenoper«, Akt III, Szene 9, in: ders., *Ausgewählte Werke in sechs Bänden*, Bd. 1, Frankfurt am Main 1997, S. 267.

DER KAPITALISMUS IST DAS ENDE DER GESCHICHTE – ODER:

ATOMCALYPSE NOW AUF DER GLOBALEN OSTERINSEL

»Wir sind wie Fische, die den See leer saufen, in dem sie schwimmen.«

DAS KÄNGURU[1]

»Man kann wohl wetten, dass der Mensch verschwinden würde wie am Saum des Meeres ein Gesicht aus Sand.«

Es gibt nur zwei Wesen, die ihre eigene Lebensgrundlage zerstören: Viren und Menschen. Die Menschen treiben ihre eigene Zerstörung exzessiv voran. Nichts versinnbildlicht das so gut wie der Niedergang der Rapa Nui, der Urbevölkerung der Osterinsel. Die Bewohner der Insel betrieben radikalen Raubbau: Jeder Baum der riesigen Palmwälder wurde abgeholzt, um Hütten und Boote zu bauen und immer weiter zu expandieren. Doch irgendwann war der letzte Baum verschwunden, und die Rapa Nui konnten keine Boote mehr bauen zum Fischen. Ergebnis: Die Menschen starben entweder an Hunger oder in den nun einsetzenden Stammeskriegen. Trotz aller Warnzeichen sägten sich die Rapa Nui den Ast ab, auf dem sie saßen – und löschten auf diese Weise ihre Kultur aus.

Auch die Römer huldigten dem Profitstreben: Auf Inschriften in den Ruinen von Pompeji fand man Sprüche wie »salve lucrum« (es lebe der Gewinn) und »lucrum gaudium« (Gewinn macht Freude). Um die Gewinne zu steigern, wurden schon in der Antike hektarweise Wälder gerodet: Vor zehntausend Jahren erstreckten sich von Marokko bis Mesopotamien gigantische Wälder mit Buchen, Eichen und Zedern. Das Land war fruchtbar und regenreich. Heutzutage findet man dort weitgehend Wüsten, was daran liegt, dass die Uruk, Mykener und Römer ganze Landstriche entwaldeten, um aus dem Holz Prachtbauten, Palisadenwälle und Kriegsschiffe zu bauen.[3] All das war ganz und gar nicht »nachhaltig«, um es mit einem Wort zu sagen, das gegenwärtig wieder in Mode gekommen ist. Wieder? Schon 1713 warnte Hans Carl von Carlowitz, damals Oberberghauptmann des Erzgebirges, vor einem Kahlschlag der Wälder. Sein Buch *Sylvicultura oeconomica, oder haußwirthliche Nachricht und Naturmäßige Anweisung zur Wilden Baum-Zucht* (1713) gilt als eines der ersten und wichtigsten Werke zur Idee der Nachhaltigkeit.

Was war damals passiert? Im 18. Jahrhundert stand in vielen Regionen Sachsens kaum noch ein Baum. Aufgrund eines riesigen Energiehungers wurde Sachsen geradezu entwaldet. Denn der Bergbau und das Hüttenwesen benötigten enorme Mengen Feuerholz, um das Eisenerz zu schmelzen. Carlowitz schrieb: »Man soll keine alte Kleider wegwerffen / bis man neue hat / also soll man den Vorrath an ausgewachsenen Holtz nicht eher abtreiben / bis man siehet / daß dagegen gnugsamer Wiederwachs vorhanden.« Eine erste Formulierung der Nachhaltigkeit also. Dabei ahnte Carlowitz schon das Osterinsel-Problem: »[…] wenn uns nicht die höchste Noth hierzu zwinget / so wird man sonsten schwerlich daran gehen / ehe und bevor […] uns das Wasser an Halß und ins Maul reichet.« Manche handeln spät, viel zu spät. Andere aber ignorieren selbst die drohende Apokalypse und saufen ab, wie schon die Bewohnerinnen und Bewohner der Osterinsel.

Und heute? Osterinsel reloaded? Es scheint sich um eine global anzutreffende Tendenz der Spezies Mensch zu handeln: Wir beuten unsere Umwelt und unsere Mitmenschen so lange aus, bis alles kurz und klein ist. Und all das sehenden Auges. Eine aktuelle Studie des Mathematikers Safa Motesharrei unterstreicht diese düsteren Aussichten.[4] Motesharrei führt die einfache Räuber-Beute-Gleichung an: Wenn es genug Beute gibt, so nimmt die Zahl der Räuber zu. Dadurch jedoch verringert sich die Beute, wodurch auch die Zahl der Räuber sinkt.

Übertragen auf die Menschen, warnt Motesharrei, dass die Ausbeutung der natürlichen Ressourcen (und auch die ungleiche Verteilung des Reichtums) zum totalen Kollaps der Zivilisation führen könne. Die westlichen Industrienationen verbrauchen derzeit 1,5-mal mehr Ressourcen, als in der gleichen Zeit auf der Erde nachwachsen können. Manche Berechnungen gehen von einem noch viel höheren Ressourcenverbrauch aus. Der sogenannte Earth Overshoot Day, eine Kampagne des Global Footprint Network, gibt an, an welchem Tag des Jahres die Menschheit ihr jährliches »Guthaben« an Ressourcen aufgebraucht hat. Der Tag tritt von Jahr zu Jahr früher ein; war es 1989 noch der 19. Dezember, war es 2015 bereits der 13. August. Die Weissagung der Cree, die vor allem in der Umweltschutzbewegung der 1970er-Jahre die Runde machte, hat also nichts von ihrer Aktualität eingebüßt: »Erst wenn der letzte Baum gerodet, der letzte Fluss vergiftet, der letzte Fisch gefangen ist, werdet ihr merken, dass man Geld nicht essen kann.«

Die »Tragödie der Allmende« begegnet uns immer wieder, angefangen bei der Osterinsel und in der Antike über das Mittelalter bis zur Moderne. Stopp! Also gibt es doch eine solche »Tragödie«? Nun, während die Kleinbauern damals wie heute die Allmende meist vernünftig und nachhaltig nutzen, findet der Raubbau an der Natur oft dann statt, wenn die Herrschenden Krieg führen oder enorme Profite einfahren wollen. Auf jeden Fall muss man bei diesem Thema genau hinschauen. Im Zeitalter des Kapitalismus könnte man das Osterinsel-Syndrom auch als globale Tragödie der Allmende interpretieren. Oft genug braucht die Allmende Kontrollmechanismen und Regeln, wobei die Kontrolle mit horizontalen Bottom-up-Mechanismen erfolgen kann und nicht unbedingt eine vertikale Top-down-Machtstruktur haben muss. Die Nobelpreisträgerin und Politikwissenschaftlerin Elinor Ostrom hat gezeigt, dass es in der Praxis keineswegs zur postulierten Übernutzung und Zerstörung der Allmende kommt.[5] Die Gemeingüter sind stets reguliert, denn die Mitglieder der Gemeinschaft – die eine Allmende erst bottom-up konstituieren – kontrollieren sich gegenseitig und schließen gegebenenfalls Nutzungsabkommen ab, sprich, sie handeln keineswegs wie ein egoistischer und nutzenmaximierender Homo oeconomicus. Doch der moderne Kapitalismus herrscht eben top-down und hat das Osterinsel-Syndrom in den letzten 300 Jahren enorm verstärkt. Voraussetzung dafür war der Allmende-Raub und die damit einhergehende Privatisierung. Man kann nur hoffen, dass diese Entwicklung eines Tages wirklich als so »abgeschmackt« angesehen wird, wie Marx und Engels schrieben:

»Vom Standpunkt einer höheren ökonomischen Gesellschaftsformation wird das Privateigentum einzelner Individuen am Erdball ganz so abgeschmackt erscheinen, wie das Privateigentum eines Menschen an einem anderen Menschen. Selbst die ganze Gesellschaft, eine Nation, ja alle gleichzeitigen Gesellschaften zusammen genommen, sind nicht Eigentümer der Erde. Sie sind nur ihre Besitzer, ihre Nutznießer, und haben sie als boni patres familias [gute Eltern] den nachfolgenden Generationen verbessert zu hinterlassen.«[6]

Derzeit deuten alle Anzeichen darauf hin, dass der Erdball von Rabeneltern bewohnt wird, die ihr eigenes

Nest zerstören. Der heutige Profit- und Energiehunger hat unvorstellbare Ausmaße angenommen und führt ein ums andere Mal in die Katastrophe. 25 Jahre nach Tschernobyl kam es am 11. März 2011 im japanischen Fukushima zu einer Nuklearkatastrophe, die erneut eine tief gehende Zäsur markiert. Die Menschheit hat mit dem Feuer gespielt – und sich verbrannt. Doch scheut das gebrannte Kind das Feuer? Nicht wirklich. Noch während der Katastrophe kündigten Russland, China und Indien an, an der Atomkraft festzuhalten und weitere AKW bauen zu wollen. Was tun? Wir brauchen eine »Ethik für die technologische Zivilisation« – so der Untertitel eines der wichtigsten Philosophie-Bücher des 20. Jahrhunderts, *Das Prinzip Verantwortung* von Hans Jonas aus dem Jahr 1979. Spätestens jetzt sollte dieses fast vergessene Buch auf dem Nachttisch der Menschheit liegen.

Die Menschheit ist an einem Punkt angelangt, an dem sie sich ihre eigene Lebensgrundlage zerstören kann und dies immer häufiger auch tatsächlich tut. Deshalb fordert Jonas eine »Zukunftsethik«, die das Roulettespiel mit ungewissen Risiken eindämmt. Das Problem: Die Zukunft ist schlichtweg noch nicht da. Und deshalb hat sie, im Gegensatz zu den Energiekonzernen, keine Lobby. Denn solange die AKW reibungslos funktionieren, kämpft man gegen Windmühlen (bzw. gegen Kühltürme). Wo kein Super-GAU ist, da ist auch keine Gefahr. Diese Logik gilt es aufzubrechen. Wir müssen der möglichen Katastrophe Gehör verschaffen. Zumal die Energiekonzerne weiterhin verkünden, dass ihre Atomkraftwerke absolut sicher seien und dass Japan eine bedauerliche Ausnahme sei. Aha. Wie beruhigend.

Atomcalypse Now? Panik-Mache? German Angst? Nein. »Der schlechten Prognose den Vorrang zu geben gegenüber der guten, ist verantwortungsbewusstes Handeln im Hinblick auf zukünftige Generationen. Denn man kann ohne das höchste Gut, aber nicht mit dem höchsten Übel leben«, wie Jonas treffend feststellt.[7] Ein Beispiel: Stellen wir uns die Folgen der Kernenergie als eine Art Glücksspiel vor, bei der sich die Wetteinsätze darin erschöpfen, dass wir Energie im Überfluss haben oder dass die gesamte Erde radioaktiv verseucht ist. Auf den Energieüberfluss können wir verzichten. Mit dem höchsten Übel leben können wir jedoch nicht. Sprich, die Risiken der Atomkraft sind zu hoch, als dass wir unser Leben auf sie verwetten dürften.

Wir brauchen eine pragmatische »Vermeidungsethik«. Wenn uns die Risiken einer Technik bekannt sind, dann müssen wir stets das höchste Übel für möglich halten. Wenn etwas schiefgehen kann, dann geht es auch schief: Nach Murphy's Law müssen die AKW weltweit schleunigst vom Netz. Regierungen und Wirtschaftskonzerne müssen Verantwortung übernehmen. Was heißt das überhaupt? »Verantwortung ist die als Pflicht anerkannte Sorge um ein anderes Sein«, so Jonas.[8]

Wenn wir einen Menschen in Not sehen, dann gebietet uns die Situation, dass wir alles Erdenkliche tun, um diesem Menschen zu helfen. Wer die Verantwortung verweigert, wird der unterlassenen Hilfeleistung angeklagt. Nun, die vom Menschen ausgeschlachtete Natur ist offensichtlich in solch einer Notlage. Die Menschheit macht sich kollektiv der unterlassenen Hilfeleistung schuldig. Hätte die Natur eine Stimme, so würde sie mannigfach Strafanzeige gegen uns erstatten. Jonas' Philosophie gipfelt in der Formulierung eines erweiterten Kategorischen Imperativs: »Handle so, dass die Wirkungen deiner Handlung verträglich sind mit der Permanenz echten menschlichen Lebens auf Erden.«[9] Ausschneiden, aufhängen, beherzigen! Dieser Imperativ sollte die weltweite Debatte begleiten. Jedes AKW und jede Atombombe ist eine Bedrohung für den Fortbestand der menschlichen Spezies, ebenso jede Verschmutzung und Zerstörung der Natur. Wir sollten es besser machen als die Viren.

Der neoliberale Denker Francis Fukuyama veröffentlichte 1992 ein viel diskutiertes Buch mit dem Titel *Das Ende der Geschichte*. Nach dem Zusammenbruch der Sowjetunion glaubte Fukuyama, dass die marktliberale Demokratie einen finalen Schlusspunkt in der Geschichte darstellen und der Menschheit den Segen bringen würde. Das ist so wahr wie die Existenz des Osterhasen. Der globale Kapitalismus will ein unendliches Wachstum mit endlichen Ressourcen. Diese Quadratur des Kreises ist absoluter Wahnsinn. Es ist nicht nur das Erdöl, das uns wohl bald ausgehen wird.[10] Peak Oil, also das Maximum der globalen Ölfördermenge, ist wahrscheinlich schon längst überschritten. Im Jahr 1997 verbrauchte die Weltbevölkerung 10,5 Milliarden Liter Erdöl pro Tag. Im Jahr 2015 betrug der tägliche Verbrauch bereits über 15 Milliarden Liter Erdöl, Tendenz weiter steigend. Die Natur hat eine Million Jahre benötigt, um diese 15 Milliarden Liter Erdöl hervorzubringen. Übrigens: Der weltweit größte Konsument von Erdöl ist das Pentagon: Die US-Streitkräfte und die Militärbasen verbrauchen täglich über 50 Millionen Liter Erdöl und damit mehr als die gesamte Schweiz.

Die Kohle wird ebenfalls bald knapp. Kohle ist mit 40 Prozent die weltweit wichtigste Quelle zur Energieerzeugung, pro Sekunde verfeuert die Menschheit 253 Tonnen des Gesteins. Auch Phosphor und Kalisalze gehen immer mehr zur Neige. Der Höhepunkt des Abbaus von Rohphosphor wird um das Jahr 2030 erreicht sein.[11] Die gesamte konventionelle Landwirtschaft benötigt enorme Mengen Phosphor und Kali zur Herstellung von Kunstdünger, im Gegensatz zum Erdöl gibt es keine Alternativen, auf die man zurückgreifen könnte. Vielleicht mag das nicht allzu dramatisch klingen, aber der Phosphor- und Kalimangel ist eine ökologische und sozialpolitische Zeitbombe. Ohne Phosphor und Kali lässt sich die Weltbevölkerung nicht ernähren, zumindest nicht mittels der jetzigen konventionellen Landwirtschaft.

Um einen gewöhnlichen Hamburger herzustellen, werden 2393 Liter Wasser verbraucht und bis zu 5 Quadratmeter Regenwald gerodet. Deshalb müsste ein Hamburger, so der Ernährungsexperte Raj Patel, eigentlich 200 US-Dollar kosten.[12] Erdöl, Phosphor, Kali, Grundwasser, Regenwald … Irgendwann werden die Rohstoffe und Ressourcen vom Erdball verschwinden wie der Dodo. Der Kapitalismus soll das Ende der Geschichte sein? Wohl eher das Ende der Welt!

Selbst wenn die Ressourcen ausreichen würden – die Menschheit schaufelt sich ihr eigenes Grab, indem sie massiv die globale Erderwärmung anheizt. Seit Beginn der Wetteraufzeichnung im Jahr 1880 stieg die globale Durchschnittstemperatur um 0,85 Grad Celsius.[13] Selbst wenn wir heute sämtliche Kohlekraftwerke, Autos, Flugzeuge und Containerschiffe für immer abschalten würden, es befinden sich gegenwärtig noch dermaßen viele Treibhausgase in der Atmosphäre, dass die globale Durchschnittstemperatur sich nochmals um 1,5 Grad Celsius erhöhen wird. Gemessen an den derzeitigen Emissionswerten rechnen Wetterexperten jedoch bis zum Jahr 2100 mit einem weiteren Temperaturanstieg zwischen 2,0 und schlimmstenfalls 5,4 Grad Celsius. Will die Menschheit die globale Erderwärmung auf 2,0 Grad Celsius beschränken, müsste der jährliche Pro-Kopf-Verbrauch von Kohle von derzeit 1070 Kilogramm bis zum Jahr 2050 auf nur noch 80 Kilogramm sinken.[14]

Die Auswirkungen sind fatal und nehmen statistisch exponentiell zu: Extreme Wetterlagen treten immer häufiger auf, seien es Orkane, Hurrikane, Kälte- und Hitzewellen oder Dürreperioden. Seit 1900 ist der Meeresspiegel um 19 Zentimeter gestiegen. Noch ist die Antarktis flächenmäßig größer als Europa, aber sie schmilzt mit hohem Tempo: Zwischen 1981 und 2016 ist ihre Masse um mehr als 8 Prozent zurückgegangen. Würde die gesamte Eismasse der Antarktis schmelzen, könnte der Meeresspiegel rechnerisch um bis zu 58 Meter steigen. Noch rasanter nimmt das Eis der nördlichen Arktis ab, hier schmelzen jedes Jahr zwischen 200 und 350 Milliarden Tonnen Eis. Zum Vergleich: Im Bodensee befinden sich rund 48 Milliarden Tonnen Wasser. Katastrophal sind dabei auch die unberechenbaren Schneeballeffekte: Durch die globale Schmelze werden große Mengen Methan freigesetzt, die sich in den Permafrostböden befinden und die den Treibhauseffekt exponentiell beschleunigen. Die Nachrichtenbilder ertrinkender Eisbären deuten schon an, was der Erde blüht, wenn die Emissionen und damit die Meeresspiegel weiter steigen.

Die einzige Hoffnung besteht nicht im Ende der Geschichte, sondern im Ende des Kapitalismus. In die Zukunft schauen können wir nicht. Aber ein Blick auf die Gegenwart liefert Anzeichen, wohin die Reise gehen könnte. Vermutlich wird sich die klaffende Lücke zwischen Arm und Reich in den nächsten Jahren weiter verschärfen, mit allen damit verbundenen Folgen: Die Armen und Ärmsten werden weiter in die Ghettoisierung getrieben, während sich die Reichen in ihren Gated Communities weiter abschotten und die verbliebenen knappen Ressourcen unter sich aufteilen werden. Wahrscheinlich ist auch ein weiterer Abbau des ohnehin schon geschrumpften Sozialstaats und parallel dazu ein weiterer Ausbau des »Robocop«-Staats, in dem die Armen noch massiver durch Polizei und Militär überwacht und drangsaliert werden. »Immer wenn von ›freien Märkten‹ die Rede ist, empfiehlt es sich, nach dem Mann mit dem Schießeisen Ausschau zu halten. Er ist nie weit weg. Der Liberalismus des 19. Jahrhunderts, der den freien Markt propagierte, fiel zusammen mit der Erfindung der modernen Polizei und von Privatdetektivagenturen«, wie David Graeber betont.[15] Ein hartnäckiger Mythos des Kapitalismus lautet, dass wir aufgrund der freien Märkte in angeblich immer gewaltfreieren Gesellschaften lebten. Doch das ist nur der Anschein. Hinter dem Kapitalismus steht immer und überall körperliche Gewalt! Das gilt nicht nur für den Allmende-Raub und für imperialistische Kriege, sondern auch für unseren Alltag: Wer ein fremdes Grundstück betritt, wird von der Polizei verhaftet und kassiert vielleicht eine Anzeige. Wer zu oft schwarzfährt, landet im Gefängnis. Wer seine Kredite oder Hypotheken nicht fristgemäß tilgt, wird von gepanzerten Polizisten per Zwangsräumung aus seinen vier Wänden getragen. Wer vormals freie Gemeingüter wie Wasser oder Anbauflächen für sich beansprucht, wird mit Gewalt von seinem Vorhaben abgehalten. Wer auch nur ein klein wenig zu heftig gegen das Bankensystem oder einen Atommülltransport demonstriert, wird mit Pfefferspray und Wasserwerfern drangsaliert und anschließend in Gewahrsam genommen.

Kapitalismus bedeutet Gewalt, nicht nur psychische, sondern auch konkret physische. Und diese Gewalt wird zukünftig sicherlich weiter zunehmen, auf lokaler und auf globaler Ebene. Als Bodyguard des Kapitals wird der Staat jedenfalls alles daransetzen, für »Zucht und Ordnung« zu sorgen, weil es keine »soziale Sicherheit« mehr gibt und weil die Umwelt weiter ausgeschlachtet, verschmutzt und unumkehrbar zerstört wird. Apocalypse Now.

Nebenbei bemerkt haben neoliberale Hardliner gar kein so großes Problem mit Apokalypsen. Wie die Kapitalismuskritikerin Naomi Klein in ihrem Buch *Die Schock-Strategie* anschaulich zeigt, wittern Neoliberale in Krisen jeder Art ihre Chance, um zuzuschlagen: Während die Menschen noch unter Schock stehen, machen sich die Profiteure ans Werk, privatisieren alles, was ihnen unter die Hände kommt, und sorgen dafür, dass die entsprechenden Gesetze verabschiedet werden. Milton Friedman, Vordenker und einflussreichster Akteur der Neoliberalen, erkannte schnell, dass es solche Krisen und Schocks braucht, um seine neoliberale Agenda durchzuboxen.

1982 schrieb Friedman: »Nur eine Krise – eine tatsächliche oder empfundene – führt zu echtem Wandel. Wenn es zu solch einer Krise kommt, hängt das weitere Vorgehen von den Ideen ab, die im Umlauf sind. Das ist meiner Ansicht nach unsere Hauptfunktion: Alternativen zur bestehenden Politik zu entwickeln, sie am Leben und verfügbar zu halten, bis das politisch Unmögliche politisch unvermeidlich wird.«[16] Binnen Wochen nach dem verheerenden Hurrikan Katrina im August 2005 wurden Dutzende staatliche Schulen privatisiert und zig Sozialwohnungen abgerissen, um die Grundstücke anschließend zu verhökern. Die Hilfsgelder für die arme Bevölkerung jedoch ließen Monate auf sich warten, sofern es überhaupt eine nennenswerte Hilfe gab. Und die geschockten Griechen, die seit 2008 oft nicht einmal mehr eine medizinische Grundversorgung erhalten (ein Drittel der griechischen Bevölkerung hat keine Krankenversicherung mehr), wissen ein Lied zu singen von der Schock-Strategie. Apocalypse Now? Why not!, lautet die Antwort der Profitgeier.

Zurück zu den möglichen Szenarien, für die es keine Kristallkugel, aber erste Anzeichen gibt: Es ist durchaus möglich, dass im Zuge der »nachholenden Entwicklung« die Global Swing States wie zum Beispiel China, Brasilien, Indien oder Indonesien der dortigen Mittelschicht einen neuen Schub verschaffen und so den globalen Konsum ankurbeln. Das würde natürlich zulasten der alten Industrienationen wie etwa den USA, Deutschland, Japan, Frankreich oder England gehen, die dann abgehängt werden. Schon jetzt verkaufen VW, BMW und Mercedes mehr Autos in China als auf dem gesamten europäischen Markt.

China ist Netto-Gläubiger, die USA stehen dort massiv in der Kreide. Das heißt nicht, dass China schuldenfrei wäre, im Gegenteil: Die Schulden wachsen auch dort rasant; aber eben auch der »Fortschritt«.

Die Folge ist, dass China seine Produktion, beispielsweise von Kleidung für H&M, KiK und C&A, mittlerweile in die verlängerte Werkbank von Bangladesch auslagert, dabei aber kräftig mitkassiert. Wenn ein solcher Schub der Global Swing States eintritt – der die Dauerkrise des Kapitalismus natürlich nur künstlich hinauszögert und das Elend der Menschen noch vergrößert –, dann könnte es zu einem neuen Hegemonialzyklus kommen, bei dem China, weitere ostasiatische Staaten im Verbund oder Staaten der südlichen Hemisphäre die USA mitsamt der NATO-Staaten als Weltmacht ablösen. Die alten Industrienationen wären dann nur noch an der Peripherie des neuen Zentrums und müssten sich den dort vorherrschenden Arbeits- und Wirtschaftsstrukturen anpassen; genau so, wie sich nach 1991 Russland und Co. dem Westen anpassen mussten. Wie die Geschichte zeigt, sind Phasen der hegemonialen Ablösung oft mit militärischen Auseinandersetzungen verbunden, bei dem die beteiligten Parteien um die Vorherrschaft kämpfen. Der gegenwärtige Bürgerkrieg in Syrien und der seit 2014 schwelende Ukraine-Konflikt lassen sich auch als Stellvertreterkriege nicht nur zwischen den Staaten USA und Russland interpretieren, sondern als Vorzeichen eines globalen Konflikts zwischen dem Westen und den aufstrebenden BRICS-Staaten:

Im Juli 2014 haben die fünf großen Schwellenländer Brasilien, Russland, Indien, China und Südafrika, die sogenannten BRICS-Staaten, eine neue Entwicklungsbank (New Development Bank) mit umgerechnet 50 Milliarden US-Dollar Startkapital und, als Schwesterorganisation, einen Währungsfonds (Contingent Reserve Arrangement) mit umgerechnet 100 Milliarden US-Dollar Startkapital gegründet. Gerät ein Mitglied in Zahlungsschwierigkeiten, so kann es beim Reservefonds Hilfe beanspruchen. In der 71 Punkte umfassenden »Deklaration von Fortaleza« betonen die Gründungsstaaten, dass der Reservefonds eine Ergänzung des IWF und der Weltbank für die besonderen Belange der BRICS-Staaten darstellt. Übersetzt heißt das, es gibt eine neue Konkurrenz zum US-Dollar und Euro. Etwa 3 Milliarden Menschen leben in den BRICS-Staaten, was ungefähr 40 Prozent der Weltbevölkerung entspricht; und ihr Anteil sowohl an der Bevölkerungszahl als auch am globalen Bruttoinlandsprodukt wächst. Gut möglich, dass die Hackordnung der Staatenwelt bald ins Wanken gerät, vielleicht durch weitere Bürgerkriege, vielleicht auch durch zunehmend offene Kriege zwischen den Hegemonialmächten.

All das kann, muss aber nicht eintreten. Mit etwas mehr Sicherheit lässt sich sagen: Der Kapitalismus muss sich nicht zwangsläufig verabschieden, wenn er an die besagte innere Schranke stößt. Ähnlich kritisch hegte Rosa Luxemburg Zweifel, »dass an einem gewissen Punkte die Kapitalistenklasse, vor Verzweiflung ob der Niedrigkeit der Profitrate, sich insgesamt aufhängt, oder ob sie etwa erklärt, bei solchen lumpigen Geschäften verlohne sich die Plackerei nicht mehr, worauf sie die Schlüssel selbst dem Proletariat abliefert? Wie dem sei, der Trost wird leider durch einen einzigen Satz von Marx in Dunst aufgelöst, nämlich durch den Hinweis, dass ›für große Kapitale der Fall der Profitrate durch Masse aufgewogen‹ werde. Es hat also mit dem Untergang des Kapitalismus am Fall der Profitrate noch gute Wege, so etwa bis zum Erlöschen der Sonne.«[17]

Dem automatischen Subjekt haftet in der Tat etwas Spukhaftes und Blutleeres an. Es sind schließlich die Menschen aus Fleisch und Blut selbst, die den Tod des Kapitalismus herbeiführen müssen. Ja, der Kapitalismus liegt in seinen letzten Atemzügen, aber dessen Nachleben organisiert sich nicht von selbst. Spätestens wenn es darum geht, eine neue Welt aufzubauen, müssen alle anpacken. Es reicht nicht aus, sich den Zusammenbruch der Welt vom Logenplatz der Theorie anzugucken, womöglich ein gut beheiztes, kuschliges Plätzchen in der westlichen Welt, wo die Lichter und Heizungen als Letztes ausgehen. Praxis schlägt Theorie. Man kann und sollte Protest üben – im Kleinen und im Großen. Dietmar Dath bemerkte hierzu ganz richtig: »Aber die kapitalistische Wirtschaft wird doch, wenn sie die ›innere Schranke‹ erreicht, nicht mehr funktionieren? Gut, und was heißt bei dieser Wirtschaftsweise ›funktionieren‹? Dass sie Bedürfnisse befriedigt? Das erzähle man den Hungernden.«[18]

Man darf den Kapitalismus nicht unterschätzen. Erstens werden die Reichen und Mächtigen alles dafür tun, ihren Reichtum und ihre Macht zu wahren. Der Kampf gegen den Kapitalismus wird blutig sein. Der englische Computerwissenschaftler Stephen Emmott erzählt in diesem Zusammenhang von einer ebenso erschreckenden wie passenden Anekdote: »Ich habe einem der nüchternsten und klügsten Forscher, die mir jemals begegnet sind, einem jungen Kerl aus einem Labor, der sich weiß Gott in diesen Dingen auskennt, die folgende Frage gestellt: Wenn er angesichts der Situation, mit der wir derzeit konfrontiert sind, nur eine einzige Sache tun könnte, was wäre das? Was würde er tun? Wissen Sie, was er geantwortet hat? ›Ich würde meinem Sohn beibringen, wie man mit einem Gewehr umgeht.‹«[19]

Zweitens ist der Kapitalismus extrem geschickt darin, neue Verwertungspotenziale zu finden. Auch wenn momentan keine neuen in Sicht sind, heißt das noch lange nicht, dass er keine aus dem Hut zaubern wird. Nicht umsonst hat sich der Kapitalismus bislang über Jahrhunderte halten und sogar ausbreiten können. Rosa Luxemburg deutet an, dass das kapitalistische System schlimmstenfalls »bis zum Erlöschen der Sonne« bestehen könnte. Erst das Ende der Geschichte wäre hier buchstäblich das Ende des Kapitalismus.

Bislang hat das Kapital noch von jeder Krise profitiert.[20] Keiner weiß, ob und wann eine Krise den kritischen Punkt erreicht, an dem wirklich alles zusammenbricht. Es besteht die Gefahr, dass wir sinnbildlich in Nietzsches »ewiger Wiederkunft« gefangen sind: »Alles geht, Alles kommt zurück; ewig rollt das Rad des Seins. Alles stirbt, Alles blüht wieder auf, ewig läuft das Jahr des Seins. Alles bricht, Alles wird neu gefügt; ewig baut sich das gleiche Haus des Seins. Alles scheidet, Alles grüßt sich wieder; ewig bleibt sich treu der Ring des Seins. In jedem Nu beginnt das Sein; um jedes Hier rollt sich die Kugel Dort. Die Mitte ist überall. Krumm ist der Pfad der Ewigkeit.«[21] Die Gefahr liegt nicht nur darin, dass sich die

Geschichte des Universums unendliche Male wiederholt, sondern auch darin, dass der Kapitalismus nach jedem Zusammenbruch immer wieder neue Blüten treibt. Nach jedem Big Crash kommt ein neuer Big Bang, der neue Expansionswellen des Kapitalismus ausströmt.

Blicken wir ins »Herz der Bestie«, in die westlichen Industriestaaten. Die schlechte Nachricht lautet: Im krisengebeutelten Griechenland sind mittlerweile rund 37 Prozent aller Beschäftigten als Freelancer tätig; in Südkorea und Italien sind es je über 25 Prozent, in Deutschland 11 Prozent und in der Schweiz 15 Prozent. Schaut man genauer hin, dann sieht man, wie das klassische Angestelltenverhältnis am Schwinden ist: In der sogenannten Generation Y, also grob die zwischen 1977 und 1998 Geborenen, sind in Deutschland bereits 29 Prozent als Freelancer tätig. Diese Entwicklung hin zu modernen Tagelöhnern, die sich als Freelancer verdingen, hat enorme Nachteile, wenn es darum geht, die Ausgebeuteten als politische Bewegung zu organisieren. Sie haben keine Absicherung, sondern große Existenzängste. Sie leben von der Hand in den Mund. Und sie haben keine Lobby, geschweige denn eine Gewerkschaft. Immerhin trägt die Generation Y ihren Namen zu Recht, fragt sie doch tatsächlich immer öfter nach dem Warum der globalen Misere. Zumindest innerlich hat sich diese Generation oft vom Kapitalismus verabschiedet. Die einen betreiben Downshifting oder steigen ganz aus, die anderen aber hängen sich – vielleicht auch trotz aller Distanz zum System – voll rein. Warum zetteln die Freelancer und die Praktikantengeneration keinen Aufstand an? Einer der ersten Facebook-Mitarbeiter, Jeff Hammerbacher, hat da seine ganz eigene Antwort: »Die klügsten Köpfe meiner Generation denken darüber nach, wie sie Menschen dazu bewegen können, auf Werbeanzeigen zu klicken. Das ist scheiße.«[22]

Dennoch: Entscheidend bei der Kapitalismuskritik ist auch der Generationenwechsel. Wir jungen Leute wachsen heute in den Industrienationen mit einer großen Unsicherheit auf, suchen vergeblich Jobs oder verdingen uns für Hungerlöhne. Die jungen Menschen im globalen Süden sind ohnehin schon seit Jahrzehnten desillusioniert. Bei vielen, die in den 1980ern oder später geboren wurden, hat der Kapitalismus jegliches Vertrauen und jeglichen Zuspruch verloren. Die Glücksversprechen des Kapitalismus haben sich schlichtweg als leere Phrasen erwiesen, wenn nicht gar als Schreckensszenario. Immerhin glaubt inzwischen jeder dritte Deutsche, dass der Kapitalismus zwangsläufig zu Armut und Hunger führe und dass eine echte Demokratie nur ohne Kapitalismus möglich sei. Die Studie der FU Berlin ergab auch, dass über 60 Prozent der Befragten die Staatsform der BRD nicht für eine echte Demokratie halten, weil die Wirtschaft und nicht die Wähler das Sagen haben.[23]

Die gegenwärtige Lage gleicht jener kurz vor dem Zusammenbruch der Sowjetunion: Fast niemand glaubte damals noch an die Parolen und Verheißungen der Parteikader – nicht einmal die Politiker selbst. Deshalb sprechen sie heute auch immer häufiger davon, dass alles »alternativlos« sei; und immer seltener versprechen sie den »Wohlstand für alle«. Diese Phrase ist heute kaum einen Pfifferling wert. Ja sie ist offenkundiger Schwachsinn angesichts der Ruinen des Kapitalismus. Und wo ist der kommende Aufstand? Vielleicht erleben wir gerade die berühmte Ruhe vor dem Sturm, wie auch Robert Kurz mutmaßt: »Insofern könnte [...] das ›Ende des Klassenkampfs‹ ganz im Gegenteil zu den landläufigen Auffassungen gerade nicht auf den Endsieg oder die Verewigung des Kapitalismus, sondern auf die Kulmination seiner objektiven Krise verweisen. Vielleicht befinden wir uns mitten im Auge des Taifuns, und die marktwirtschaftlich-demokratischen Apologeten sind närrisch, wenn sie sich zur sozialen Ruhe beglückwünschen.«[24] Hm, ich für meinen Teil hoffe, dass es so ist, aber ich hege Zweifel. Während die Kapitalismuskritik hier und da heftig entflammt, scheint sie doch insgesamt erloschen zu sein, zumindest im kollektiven Bewusstsein.

»Die wahre Schranke der kapitalistischen Produktion ist das Kapital selbst«, schrieb Marx.[25] Der Kapitalismus kann den ihm inhärenten Widerspruch zwar oberflächlich noch leugnen und hinauszögern – nur unterbrochen durch die unvermeidlichen Krisen –, aber vielleicht kann er ihn nicht überwinden. Vielleicht kann sich der kapitalistische Baron Münchhausen nicht an seinem eigenen Zopf aus dem Sumpf ziehen. Vielleicht also wird der Kapitalismus untergehen. Vielleicht aber wird er auch einfach weiter im Sumpf stehen und die Menschen unter Wasser halten. Ich befürchte, die letzte Option ist gegenwärtig die wahrscheinlichere.

Doch sollte der Kapitalismus tatsächlich an einem kritischen Punkt straucheln, müssen die Menschen ihn endgültig schubsen. Im entscheidenden Augenblick – noch ist er nicht da, aber man wird ihn erahnen, falls er kommt – bedarf es massiver Proteste und Generalstreiks.

Die Praktiker stehen ohnehin schon in den Startlöchern. Der Großteil der Menschen hat das Elend des Kapitalismus längst kapiert, trotz allen Kulturpessimismus, und steht vermutlich nur auf einem dämmrigen Standby, bereit, die Dinge in die Hand zu nehmen, falls es einmal so weit ist. Für die Theoretiker schließlich wird es jener Zeitpunkt sein, über den der Marxist Fredric Jameson sagt: »Die Frage, ob man nach Auschwitz noch Gedichte schreiben könne, ist einer anderen gewichen, die da lautet, ob man es ertragen könne, Adorno und Horkheimer am Swimmingpool zu lesen.«[26]

1 Marc-Uwe Kling, *Die Känguru-Chroniken*, Berlin 2009, S. 187.

2 Michel Foucault, *Die Ordnung der Dinge*, Frankfurt am Main 1974, S. 462.

3 Stefan Mekiffer, *Warum eigentlich genug Geld für alle da ist*, München 2016, S. 110 f.

4 Safa Motesharrei, »Human and nature dynamics (HANDY)«, in: *Ecological Economics*, 101, 2014, S. 90–102.

5 Elinor Ostrom, *Governing the Commons*, Cambridge 1990.

6 Karl Marx und Friedrich Engels, *Das Kapital*, Bd. 3, in: MEW, Bd. 25, S. 784.

7 Hans Jonas, *Das Prinzip Verantwortung*, Frankfurt am Main 1984, S. 70 und 79.

8 Ebd., S. 391.

9 Ebd., S. 36.

10 Hans Joachim Schellnhuber, *Selbstverbrennung*, München 2015.

11 Dana Cordell, Jan-Olof Drangert und Stuart White, »The story of phosphorus: Global food security and food for thought«, in: *Global Environmental Change*, 19, Nr. 2, 2009, S. 292–305.

12 Raj Patel, *Was kostet die Welt?*, München 2010, S. 62–70.

13 www.ncdc.noaa.gov

14 Eva Mahnke, »Treibhausgase. Gift für das Kima«, in: Heinrich-Böll-Stiftung u. a. (Hg.), *Kohleatlas*, Berlin 2015, S. 16 f.

15 David Graeber, *Bürokratie*, Stuttgart 2016, S. 40 f.

16 Zitiert nach Naomi Klein, *Die Schock-Strategie*, Frankfurt am Main 2007, S. 17.

17 Rosa Luxemburg, »Anti-Kritik«, in: dies., *Gesammelte Werke*, Bd. 5, S. 446, Fußnote.

18 Dietmar Dath, *Klassenkampf im Dunkeln*, Hamburg 2014, S. 99.

19 Stephen Emmott, *Zehn Milliarden*, Berlin 2013, S. 203 f.

20 Philip Mirowski, *Untote leben länger*, Berlin 2015.

21 Friedrich Nietzsche, *Also sprach Zarathustra*, Berlin / New York 1988, KSA 4, S. 273.

22 Zitiert nach Ashlee Vance, »This Tech Bubble is Different«, in: *Businessweek*, 14. April 2011.

23 Freie Universität Berlin, »Studie: Linksextreme Einstellungen sind weitverbreitet«.

24 Robert Kurz, *Marx lesen!*, Frankfurt am Main 2007, S. 280.

25 Karl Marx und Friedrich Engels, *Das Kapital*, Bd. 3, in: MEW, Bd. 25, S. 260.

26 Fredric Jameson, *Spätmarxismus. Adorno oder die Beharrlichkeit der Dialektik*, Berlin 1991, S. 304.

DER KAPITALISMUS IST ALTERNATIVLOS – ODER:

SCHÖNHEITS-REPARATUREN UND ABRISSBIRNE

»Ich habe jahrelang an der Idee gearbeitet, die bestehenden Institutionen der Gesellschaft zu reformieren – ein wenig Veränderung hier, ein bisschen Fortschritt dort. Doch jetzt bin ich zu einer anderen Überzeugung gelangt: Ich glaube, man muss die ganze Gesellschaft umstrukturieren – wir brauchen eine Revolution unseres Wertesystems!«

MARTIN LUTHER KING [1]

»I have a dream«, sagte Martin Luther King in seiner großen Rede, die er am 28. August 1963 anlässlich des »Marschs auf Washington für Arbeit und Freiheit« vor über einer Viertelmillion Menschen hielt. King erkannte jedoch bald darauf, dass sein Traum mit Reformen allein ein Wunschkonzert bleiben würde und dass vielmehr das gesamte System umgekrempelt werden müsste. Doch diese Seite von King, ebenso wie seine zunehmende Radikalisierung in politischen Fragen, wird bis heute bewusst verschwiegen. Dabei ist es dieses Vermächtnis, das Martin Luther King bis heute so bedeutend macht. Über seinen Tod hinaus stellt King eine Bedrohung dar für das vermögende und weiße Establishment.

Auf der einen Seite können wir versuchen, den Kapitalismus mit Reformen sozialer zu machen, um ihm ein menschliches Antlitz zu geben. Auf der anderen Seite erkennen (hoffentlich) immer mehr Menschen, dass diese Reformen oft genug eine Sackgasse sind und dass ein sozialer Kapitalismus ein Widerspruch in sich selbst ist. Ich nenne die Wahl, vor der wir hier stehen, »Schönheitsreparaturen versus Abrissbirne«. Beginnen wir mit den Schönheitsreparaturen.

In aller Munde ist momentan ein bedingungsloses Grundeinkommen. Ich halte ein BGE für problematisch, und zwar aus folgenden Gründen: *Erstens* kann man die Forderung nach einem BGE nur an einen Nationalstaat stellen. Deshalb würde ein BGE nur für Staatsbürger gelten, sodass Flüchtlinge und Immigranten ohne die jeweilige Staatsbürgerschaft außen vor blieben. *Zweitens* leben über 1,6 Milliarden Menschen in kleinbäuerlichen Strukturen. Im globalen Süden werden unsere Konsumgüter mithilfe des modernen Sklaventums fabriziert – all diese Menschen hätten nichts von einem BGE. *Drittens* birgt ein BGE die große Gefahr, dass der ohnehin geschrumpfte Sozialstaat vollends verschwindet: Bedürftige Menschen erhielten lediglich ein BGE und müssten dann schauen, wie sie über die Runden kommen. Gleichzeitig erhielten auch Vermögende und Besserverdienende staatliches Geld, das sie nicht brauchen und das den Bedürftigen vorenthalten würde. Diese Situation könnte sich noch verschärfen, wenn durch ein BGE die Lebenshaltungskosten massiv in die Höhe getrieben würden, mit dem fadenscheinigen Argument, dass die Konsumenten ja jetzt viel mehr Geld hätten. Darüber hinaus lässt sich mit einem BGE problemlos ein gigantischer, staatlich subventionierter Niedriglohnsektor rechtfertigen. *Viertens* ändert ein BGE rein gar nichts daran, dass wir in einer kapitalistischen Welt leben. Auch eine Welt mit BGE wäre eine Welt mit Ausbeutung, Lohnarbeit, Rassismus, Patriarchat und Umweltzerstörung. Die Produktionsmittel wären immer noch in den Händen des Kapitals. Ein BGE wäre einzig in einer Welt wünschenswert, in der die Vermögenden und Großeigentümer enteignet sind und alles allen gehört.

Aber vielleicht können andere Reformen die Zumutungen hier und da etwas lindern, zum Beispiel …

… eine massive Vermögenssteuer und eine längst überfällige Anhebung des Spitzensteuersatzes. Unter Helmut Kohl lag dieser Satz noch bei 56 Prozent, im Zuge der Agenda 2010 und im Lauf der Jahre purzelte der Spitzensatz auf die heutigen 42 Prozent (ab einem Einkommen von 250 000 Euro jährlich zahlt man derzeit 45 Prozent). Während des Zweiten Weltkriegs hatten die USA einen unglaublichen Spitzensteuersatz von 94 Prozent. In den darauffolgenden Jahrzehnten lag er bei durchschnittlich 70 Prozent, wenn man ein Jahreseinkommen von mehr als 200 000 US-Dollar hatte. Der neoliberale Präsident Ronald Reagan drückte den Spitzensteuersatz dann 1982 erst auf 50 Prozent, im Jahr 1988 auf 28 Prozent. Heute liegt der Satz in den USA bei 39,6 Prozent. In Schweden beträgt der Spitzensteuersatz momentan 56,4 Prozent. Am unteren Ende der Fahnenstange liegen zum Beispiel Litauen und Tschechien mit je 15 Prozent und Bulgarien mit 10 Prozent.

... eine Erhöhung des Mindestlohns. Der Mindestlohn sollte deutlich über dem Existenzminimum liegen und es allen Menschen ermöglichen, am gesellschaftlichen Leben teilzuhaben. Darüber hinaus muss der Mindestlohn für jede geleistete Form der Lohnarbeit gelten, also beispielsweise auch für Lehrlinge, Praktikanten, arbeitende Gefängnisinsassen und Flüchtlinge.

... die bereits angesprochene Maschinensteuer oder Automatisierungsdividende. Wenn Maschinen Zigtausende Arbeitsplätze ersetzen und obendrein steuerfreie Schwarzarbeit betreiben, ohne der Allgemeinheit zugutezukommen, dann ist etwas faul im Staate. Für jeden Euro, den eine Maschine erwirtschaftet, sollten 10 oder mehr Cent an die Allgemeinheit gehen.

... überhaupt massive Steuern auf die Zumutungen des Kapitalismus. Das reicht von einer Finanztransaktionssteuer, die ihren Namen verdient, bis zu einer hohen Steuer auf Werbung. Letztere würde nicht nur etwas unsere Sinnesorgane schonen, sondern auch ordentliche Geldsummen in die Staatskasse spülen. Wenn wir schon eine PR-Kakofonie ertragen müssen, dann bitte nur mit einer finanziellen Entschädigung.

... eine massive Zurücknahme aller Privatisierungen. Wenn Staaten überhaupt zu etwas nütze sein sollen, dann zur Versorgung der Menschen. Deshalb müssen die Kernbereiche Gesundheit, Wohnen, Bildung, Infrastruktur und Energie fest in staatlicher Hand liegen. Private Krankenversicherungen, Zahnzusatzversicherungen und Krankenhäuser als Unternehmen sind miese Auswüchse des Kapitalismus. Die Gesundheit darf nicht gewinnorientierten Unternehmen überlassen werden, ebenso wenig die Betreuung von Kindern oder die Versorgung von Flüchtlingen. Wohnungen sollten denen gehören, die darin wohnen – zum Beispiel in Form von Genossenschaften. Kraftwerke sollten im Besitz der Kommunen sein und nicht an Großkonzerne verscherbelt werden.

... eine 30-Stunden-Woche bei vollem Lohnausgleich. Die 40-Stunden-Woche ist nicht in Stein gemeißelt. Niemandem ist damit gedient, wenn einige wenige 40, 50 oder 60 Stunden die Woche malochen und sich krummbuckeln, während der Rest dem Stellenabbau, pardon: der »Arbeitsplatzverdichtung« zum Opfer gefallen ist. Teilt man die gleiche Arbeit unter vielen auf, können die Menschen nur gewinnen. Doch da wir eine Arbeitsgesellschaft ohne Arbeit haben, kann auch das nur ein Reförmchen bleiben, an das sich jedoch keiner heranwagt.

... eine Rücknahme sämtlicher Gesetze, die das weltweite Land Grabbing und Water Grabbing begünstigen und fördern. Regierungen und Konzerne aus den USA und der EU, aber auch aus China, Indien, Südkorea und etlichen Golfstaaten kaufen hektarweise Ackerland und rauben den weltweit über 1,6 Milliarden Kleinbauern damit ihre Lebensgrundlage und ihr Recht auf Ernährungssouveränität. Gleichzeitig üben diese Staaten massiven Druck auf den globalen Süden aus, indem sie sich durch Freihandelsabkommen Zutritt zu den lokalen Märkten verschaffen und diese mit ihren durch Subventionen für Großkonzerne verbilligten Produkten überschwemmen. Der Profithunger des globalen Nordens stürzt den globalen Süden in Hunger und Armut. Hier bedarf es einer strikten Gesetzgebung und einer ebenso strikten Befolgung dieser Gesetze.

Darüber hinaus könnte die EU kleine landwirtschaftliche Betriebe gezielt fördern, indem sie eine Kappungsgrenze bei den Direktzahlungen einführt, die jeder Betrieb pro Hektar Ackerland als Subvention von der EU erhält. Es ist absolut nicht hinnehmbar, dass beispielsweise der größte deutsche Agrarkonzern KTG-Agrar jährlich rund 12 Millionen Euro aus Brüssel erhält. Das obere 1 Prozent der größten EU-Agrarbetriebe kassiert 30 Prozent der Subventionen, damit scheißt der Teufel auch hier buchstäblich auf den größten Haufen.[2] Hier muss eine Kappungsgrenze (z.B. bei 200000 Euro) für Großkonzerne eingeführt werden. Zugleich sollte die EU die Direktzahlungen für die ersten Hektare Ackerland erhöhen, um so Kleinbetriebe zu schützen und zu fördern.

... ein radikaler globaler Schuldenschnitt. Länder wie die USA oder Deutschland verbraten jährlich rund 10 Prozent ihres Staatshaushalts, nur um Zinsen zu tilgen, die ihnen aus gigantischen Schuldenbergen entstehen. Noch schlimmer ist die Situation in den sogenannten Entwicklungsländern, die bei den Industrienationen in der Kreide stehen, weil sie von ihnen in die Schuldknechtschaft getrieben wurden. Ein Beispiel unter vielen ist Haiti.[3] Erst hatte die französische Kolonialmacht das Land erobert, ausgeschlachtet und die Menschen versklavt. Dann wurde Haiti 1825 unabhängig, doch als Gegenleistung verlangte Frankreich unverblümt Entschädigungen für seine ehemaligen Plantagenbesitzer. Haiti musste noch Jahrzehnte nach seiner Unabhängigkeit an Frankreich blechen, insgesamt über 150 Millionen Franc (umgerechnet auf die heutige Zeit etwa 18 Milliarden US-Dollar). Dadurch wurde Haiti zum heute ärmsten Land der westlichen Hemisphäre – und nicht etwa durch Faulheit oder fehlenden Wachstumswillen, wie es der Westen den Entwicklungsländern gern vorwirft. Unter massivem Druck der USA ließ Haiti 1994 den Schutzzoll auf Reisimporte fallen, von 50 auf 3 Prozent. Zuvor hatte Haiti über vier Fünftel seines Reisbedarfs aus eigenem Anbau gedeckt. Seit dem Freihandelsabkommen wird Haiti mit Billigimporten überschwemmt, sodass sich der einheimische Anbau kaum noch lohnt und der Reis mittlerweile zu über zwei Dritteln aus Importen stammt. Rund 60 Prozent der Haitianer sind Kleinbauern, doch Reis-, Bohnen- und Fleischimporte aus den USA lassen die Preise ins Bodenlose fallen und die Menschen verelenden.

… die Etablierung weiterer Commons, also Allgemeingüter wie freie Anbauflächen, freie Trinkwasserquellen, freie öffentliche Verkehrsmittel bis hin zum freien WLAN. Eine moderne Allmende eben. Seit kurzem kursiert der Begriff »Commonismus« – eine weltweite Bewegung, die in den Ruinen des Kapitalismus die Allmende proklamiert und praktiziert. Diese Bewegung markiert, sofern sie ernsthaft und ohne Hochglanz-Lifestyle-Elemente betrieben wird, bereits einen Übergang von den Schönheitsreparaturen hin zur Abrissbirne. Denn Stück für Stück würden hier die Produktionsmittel in den Besitz der Allgemeinheit übergehen. Die Betonung liegt, leider, auf dem Konjunktiv »würden«, denn ganz so einfach, wie das hier geschrieben steht, kann das nicht vonstatten gehen. Das Kapital hat Macht, viel Macht, und wird sich mit Händen und Füßen gegen jede Form des Machtverlusts wehren. Dennoch haben Kollektive und Genossenschaften weltweit beachtliche Erfolge vorzuweisen. So zum Beispiel die 1967 in Venezuela gegründete Cecosesola, eine hierarchiefreie Genossenschaft, in der über 20000 Menschen organisiert sind. Es gibt quasi keine Erwerbslosigkeit und das Pro-Kopf-Einkommen liegt deutlich über dem Landesdurchschnitt. Die Genossenschaft hat ein eigenes Krankenhaus aufgebaut, praktiziert erfolgreich eine Rotation der Jobs und bezahlt alle mit einem Einheitslohn. Rund um den Globus gibt es Genossenschaften, Ökodörfer mit eigener Regionalwährung und selbstverwaltete Kollektive, nicht nur bei Buchläden, Druckereien, Cafés, Kneipen und vor allem landwirtschaftlichen Betrieben, sondern selbst bei Solarkraftwerken und Hightechunternehmen.[4] Dennoch müssen auch sie mehr oder weniger *innerhalb* der kapitalistischen Welt handeln, abschaffen jedenfalls werden sie den Kapitalismus auf absehbare Zeit nicht.

Nochmal: All das sind Schönheitsreparaturen. »Realpolitik treiben, heißt, an Bestehendes anbauen, heißt, Verzicht leisten auf Abbruch und Erneuerung, heißt, das Dach flicken, wo der Unterbau morsch ist«, schrieb Erich

Mühsam.[5] Das sollte man stets als Warnung im Hinterkopf behalten. Denn Reformen werden das kapitalistische System nicht auf links drehen. Aber man kann den Kapitalismus kritisieren und gleichzeitig pragmatisch sein und für Reformen eintreten, die den Status quo erträglicher machen. Man sollte jedoch nicht das Ziel aus den Augen verlieren: das System umkrempeln und sich eben doch die Taube holen, statt sich mit dem Spatz zufrieden zu geben. Irgendwann wird die Zahl der Ausbrecherinnen und Ausbrecher groß genug sein. Bis dahin ist es wohl besser, die Sache so weit wie möglich selbst in die Hand zu nehmen statt die Hände in den Schoß zu legen und auf den Sankt-Nimmerleins-Tag zu warten.

Doch selbst Reförmchen kommen nicht von selbst. Und die vierjährliche Kreuzchenwahl reicht nicht aus, um solche Wechsel herbeizuführen. Ein weitverbreitetes und treffendes Zitat, das meist Emma Goldman zugeschrieben wird, lautet: »Würden Wahlen irgendetwas ändern, so wären sie verboten.« Eine echte Demokratie muss basisdemokratisch und horizontal organisiert sein, zumindest mit einem Rätesystem und imperativen Mandaten. Die Macht muss also tatsächlich bei *allen* Menschen liegen.[6] In der repräsentativen Demokratie hingegen wird die Bevölkerung oft genug »im Namen das Volkes« niedergeknüppelt. Auch hier zeigt sich: Jede Macht führt zu Machtmissbrauch. Die Geschichte zeigt, dass sämtliche progressiven Veränderungen dem Kapitalismus mühsam abgerungen werden müssen. Proteste und Streiks müssen stets von neuem entflammen, um die Zumutungen des Kapitalismus in Schach zu halten. Eine Demokratie, die ihren Namen verdient, also die uneingeschränkte Souveränität der Menschen, kann es nur ohne den Kapitalismus geben.

»Es ist inzwischen einfacher, sich das Ende der Welt vorzustellen als das Ende des Kapitalismus«, stellte der US-amerikanische Kulturtheoretiker Fredric Jameson mit einigem Bedauern fest. Deshalb steht vor allen sozialpolitischen Veränderungen der Bewusstseinswandel. Und deshalb ist es wichtig, sozialpolitische Utopien wie den Anarchismus oder Kommunismus am Leben zu halten. Denn nur mit solchen Ideen und Erzählungen können sich die Menschen überhaupt daran erinnern, dass eine andere Welt möglich, dass also der Kapitalismus alles andere als »alternativlos« ist. Oder, wie die Freiheitskämpferin Lucía Sánchez Saornil hinsichtlich ihrer politischen Utopien zu sagen pflegte: »Wir werden sie erbauen, die umgekehrten Pyramiden!«

Und auch die Kapitalismuskritik kann zum Bewusstseinswandel beitragen. Denn »wenn ein Ding nicht als wahr anerkannt wird, dann wirkt es nicht als wahr innerhalb der Gemeinschaft«, wie der Soziologe George Herbert Mead richtig erkannte.[7] Wir müssen uns vor Augen führen, wie massiv wir vom Arbeitsfetisch indoktriniert sind und wie sehr wir mit unseren kapitalistischen Kidnappern sympathisieren. Das fängt schon bei den Streiks der Gewerkschaften an, etwa beim großen Streik der Lokführer 2014 und 2015 in Deutschland: Die Streikenden kämpfen zwar völlig zu Recht, aber zunächst nur für ihre Existenzberechtigung als Lohnarbeiter, wenn sie lediglich *mehr Geld* statt den Besitz der Produktionsmittel fordern. Die ausgebeuteten Lohnarbeiter kämpfen für ihre derzeitige Stellung *im* Kapitalismus! Sie definieren sich als Proletarier und bestätigen damit ihr Proletarierdasein – und schließlich das kapitalistische System an sich. An der Eigentumsfrage rüttelt niemand mehr. So kommt es, dass die Streikenden ein paar Krümel und nicht den ganzen Kuchen fordern. Doch schon die Krümel gönnt den Streikenden kaum jemand: Mainstream-Medien, Politik und Stammtische dreschen auf die Lokführer ein und wettern gegen einen »größenbahnsinnigen Weselsky« (*Bild*-Zeitung).

Die große Ablehnung der Streiks zeigt, wie sehr die Menschen bereits der kapitalistischen Logik verfallen sind. Wenn sich diese Stimmung verfestigt, dann ist nicht nur der Kapitalismus in der Krise, sondern auch der Antikapitalismus. Das Stockholm-Syndrom hat uns schon dermaßen vernebelt, dass wir freiwillig auf mehr Freizeit verzichten: Im März 2012 votierten zwei Drittel der Schweizer gegen eine Anhebung des gesetzlichen Mindesturlaubs von vier auf sechs Wochen.

DB-Chef Rüdiger Grube verdiente 2012 rund 221 000 Euro monatlich; dafür muss ein Lokführer über sechs Jahre schuften. Wir verdingen uns Woche für Woche, um den Profit von Unternehmen zu mehren und akzeptieren heute die alltägliche Lohnarbeit als quasi naturgegeben wie den Sonnenaufgang. Es gibt keine Bauernkriege mehr gegen den Allmende-Raub, geschweige denn Generalstreiks. Also bleibt es beim Ponyhof. Diese Gefahr sah bereits Karl Marx, als er über die Gewerkschaften schrieb: »Statt des konservativen Mottos: ›Ein gerechter Tagelohn für ein gerechtes Tagewerk!‹, sollten sie auf ihr Banner die revolutionäre Losung schreiben: ›Nieder mit dem Lohnsystem!‹ Gewerkschaften tun gute Dienste als

Sammelpunkte des Widerstands gegen die Gewalttaten des Kapitals. Sie verfehlen ihren Zweck zum Teil, sobald sie von ihrer Macht einen unsachgemäßen Gebrauch machen. Sie verfehlen ihren Zweck gänzlich, sobald sie sich darauf beschränken, einen Kleinkrieg gegen die Wirkungen des bestehenden Systems zu führen, statt gleichzeitig zu versuchen, es zu ändern, statt ihre organisierten Kräfte zu gebrauchen als einen Hebel zur schließlichen Befreiung der Arbeiterklasse, d.h. zur endgültigen Abschaffung des Lohnsystems.«[8]

Das Problem ist, dass die großen Gewerkschaften (sowohl ihre Funktionäre als auch große Teile der Basis) sich nicht mehr für die Bedürfnisse ihrer Mitglieder einsetzen, sondern ihre Forderungen dem Funktionieren des gesamten Systems unterwerfen. Sprich, die Gewerkschaften fordern höhere Löhne, damit die Konjunktur anspringt. Gerät die Konjunktur ins Stocken, verzichten sie freiwillig auf ihre Forderungen, um der Wirtschaft nicht zu schaden. Noch schlimmer wird es, wenn Arbeiter gegen Arbeitslose hetzen: »Der Arbeiter, der gute Arbeit hat oder wenigstens glaubt, in guter Stellung zu sein, fühlt sich gegenüber dem Arbeiter, der keine Arbeit hat, zuweilen sehr überlegen. [...] Der Arbeiter ist des Arbeiters größter Teufel«, wie B. Traven ganz richtig feststellte.[9] Die Arbeiter müssen sich zumindest einen Rest an Klassenbewusstsein bewahren, sodass die Lohnarbeiter sich nicht gegenseitig mürbe machen, sondern ihre Wut auf diejenigen richten, die sie ausbeuten.

Streiks sind der minimal notwendige Protest gegen die maximalen Zumutungen des Kapitalismus. Ja, Lohnerhöhungen und Arbeitszeitverkürzungen sind wichtig, aber doch nur Schönheitsreparaturen in den Ruinen des Kapitalismus. Um die Abrissbirne in Schwung zu bringen, müssen wir zuerst damit aufhören, mit unseren Kidnappern zu kuscheln.

Oha. Riecht das alles nicht nach Sozialismus? Also nach jenem Buhmann, den das Kapital immer dann beschwört und anprangert, sobald kritische Köpfe es wagen, den Kapitalismus infrage zu stellen? Sogar US-Präsident Barack Obama wurde, als er eine allgemeine Krankenversicherungspflicht einführen wollte, von den Konservativen als Sozialist beschimpft. Nun, kurz gesagt: Ich halte weder den Kapitalismus noch den autoritären Sozialismus für tragbar, geschweige denn für Gesellschaftsmodelle, die den Menschen ein Leben ermöglichen, das dem Wort Freiheit gerecht wird. Der diktatorische Sozialismus der Sowjetunion war ein staatskapitalistisches Regime mit brutalen Allmachtsfantasien und hat Elend über die Menschen gebracht. Der liberale Marktkapitalismus agiert da vielleicht etwas subtiler als der autoritäre Staatskapitalismus, dennoch hofieren beide Staatsformen die kapitalistische Ideologie. Ein starker Staat wird stets zu Machtmissbrauch führen und von oben herab Zwang ausüben. Am Ende muss der Staat überflüssig sein, denn nur eine freie Gesellschaft, die sich bottom-up organisiert, ist wirklich frei von Ausbeutung, Entfremdung und Sklaverei. Der Staat wird uns nicht helfen. Sowohl der kapitalistische Nachtwächterstaat als auch der sozialistische Wasserkopfstaat haben kläglich versagt. Beide enden in der Barbarei.

Fast alle sozialpolitischen Weltanschauungen stehen im Wettstreit darüber, wer das freiheitlichste aller Systeme zu bieten habe. Der Sozialismus verspricht, dass das Eigentum allen gehöre, es also »verstaatlicht« oder »vergesellschaftet« sei. Das war in der Sowjetunion und in China freilich nur ein Etikett, denn das Eigentum war nie wirklich im Besitz der Gesellschaft, sondern im Besitz eines autoritären Staates, der eben einen Staatskapitalismus praktizierte und im gleichen Atemzug Mauern, Arbeitslager und Abhöranlagen errichtete. Die Ausrede, dass sich die Sozialisten eben gegen die damalige Systemkonkurrenz schützen mussten, ist schlichtweg vorgeschoben. Der Zweck heiligt niemals die Mittel. Für die Zukunft ist es wichtig, die guten Elemente der sozialistischen Idee am Leben zu halten und gleichzeitig seine autoritären Auswüchse zu unterbinden – in der Theorie und erst recht in der Praxis.

Der kapitalistische Liberalismus hält ebenfalls die Fackel der Freiheit hoch. Im Namen der Freiheit sei das Eigentum, nun ja, frei. Klingt gut, ist es aber nicht. Denn dieses System hat ein ganz unfreies Moment: Die Mehrheit der Menschen hat keinen freien Zugang zu den Früchten der Erde und zu den Produktionsmitteln. Kurz: Das unfreie Eigentum verdammt die Menschen dazu, ihre Arbeitskraft zu verkaufen. Die Arbeit muss sich dem Eigentum unterwerfen. Im Liberalismus herrscht Zwang – und keine Freiheit. Und das freiheitliche Versprechen »vom Tellerwäscher zum Millionär« ist waschechter Hollywood-Humbug. Das gebetsmühlenartig wiederholte Versprechen löst sich für kaum jemanden ein. Und selbst dann, wenn es sich für jeden einzelnen Menschen erfüllte: Wie, bitte, soll diese Welt aussehen? Eine Welt voller Millionäre und Fabrikbesitzer? So eine Welt kann es schon innerhalb der Logik des Kapitalismus nicht geben. Denn der Kapitalismus kann nur dann funktionieren, wenn die große Mehrheit der Menschen ihre Arbeitskraft verkauft und gleichzeitig eine kleine Minderheit sich an dieser Ausbeutung bereichert. Demzufolge herrscht ein knallharter Konkurrenzkampf. Doch langsam sehen die Menschen ein, dass der Kapitalismus sein Versprechen nicht einlöst. Es ist an der Zeit, dass wir ihn auf der Müllhalde der Geschichte entsorgen.

Eine Kapitalismuskritik ist zuallererst negativ, indem sie die gegenwärtigen Zustände kritisiert. Wirklich nützliche und gangbare Lösungen müssen sich aus der Praxis ergeben. Sie können nicht am theoretischen Reißbrett entstehen und dann im Straßenverkauf feilgeboten werden. Dennoch gab und gibt es sozialpolitische Bewegungen, die zeigen, wie eine bessere Welt aussehen kann, sei es der Anarchosyndikalismus in Spanien von 1936 bis 1939 oder sei es seit 1994 die basisdemokratische EZLN im mexikanischen Chiapas. Bei diesen Bewegungen gehört das vormalige Großeigentum nunmehr allen Beteiligten zu gleichen Teilen, alle Menschen sind in selbstverwalteten Räten organisiert, die über alle wichtigen Fragen abstimmen oder einen Konsens aushandeln. Bildung, das Gesundheitswesen und der Agrarsektor liegen in den Händen der Allgemeinheit und stehen allen kostenfrei zur Verfügung. Frauen und Männer sind gleichgestellt – insbesondere der Neozapatismus der EZLN legt großen Wert auf die Rechte der Frauen.

In Chiapas beispielsweise sind fast nur Bäuerinnen und Bauern in der Regierung und keine Bürokraten oder Berufspolitiker. Die Gemeinschaft überträgt ihren entsandten Vertretern, die höchstens für zwei Wochen Teil der Regierung sind, ein imperatives Mandat; sie sind also weisungsgebunden und können sofort entlassen werden, wenn sie nicht die Interessen der Gemeinschaft vertreten. Subcomandante Marcos, einer der Sprecher der EZLN, betont, dass beim basisdemokratischen Rätesystem »keine Hochschulabsolventen nötig sind, um zu wissen, was für unsere Leute am besten ist. Mit dieser ständigen Ämterablösung wird außerdem die Korruption verhindert, denn es bringt der Regierung nichts, jemanden zu bestechen, der kurze Zeit danach keine verantwortliche Stellung mehr hat.«[10]

Die alles entscheidenden Fragen lauten stets: Wem gehören die Produktionsmittel? Und wie ist die Macht verteilt? Ilija Trojanow schreibt dazu: »Die Schwächen des Menschen werden in dem Maße potenziert, in dem man ihm Macht in die Hände gibt. Sie werden verschlimmert durch Privilegien und institutionalisierte Autorität – die Geschichte bietet hierfür Beweise im Überfluss. Die herkömmliche Binsenwahrheit muss auf den Kopf gestellt werden: Der Mensch ist zu schlecht, um gütig und uneigennützig über seine Mitmenschen zu herrschen, er kann nicht weise und abgeklärt mit den Privilegien umgehen. Wer an das Schlechte im Menschen glaubt, der müsste erst recht ein System der Gewaltenteilung auf allen Ebenen des gesellschaftlichen Lebens propagieren, der müsste sich rigoros die Überwindung von Macht und Hierarchie auf die Fahnen schreiben.«[11]

Die Welt gehört niemandem – und deshalb allen. Die Produktionsmittel (also Anbauflächen, Rohstoffe, Grundstücke, Infrastruktur, Maschinen, Fabriken, Roboter, Rechenzentren, Server ...) müssen zurück in die Hände der Allgemeinheit. Wir brauchen starke Genossenschaften, Kollektivbetriebe und Commons – hier liegt der Schlüssel zur Freiheit. Denn eines ist gewiss: Solange es Menschen gibt, werden sie mit Gütern handeln! Menschen wollen Dinge produzieren. Menschen wollen Dinge erwerben, die sie – aus welchen Gründen auch immer – nicht selbst produzieren können. Durch diese simplen Grundprinzipien entstehen überall dort, wo Menschen sind, auch Handel und Tausch. (Und der autoritäre Sozialismus bringt automatisch einen großen Schwarzmarkt mit sich.) Märkte an sich sind ja gar nicht das Problem. Das Problem liegt vielmehr in der Organisation dieser Märkte. Kapitalistisch organisierte Märkte zerstören Mensch und Natur gleichermaßen. Deshalb muss das Prinzip »Ich habe was, was du nicht hast« einer Allmende des Großeigentums weichen.

Die Macht einzelner Menschen, die fast immer zu Machtmissbrauch führt, muss gebrochen werden zugunsten einer dezentral und basisdemokratisch organisierten Weltgesellschaft. Eine Welt der Freiheit also, so pathetisch das auch klingen mag. Die Hoffnung bleibt, dass es irgendwann wirklich so etwas wie Freiheit gibt, für alle Menschen, überall. »Nur dann bin ich wahrhaft frei, wenn alle Menschen, die mich umgeben, Männer und Frauen, ebenso frei sind wie ich«, betonte der Anarchist Michail Bakunin.

»There is no alternative«, mit diesen Worten rechtfertigte Margaret Thatcher ihre neoliberale Politik. Und Angela Merkel plapperte ihr nach, die Lage sei »alternativlos« – übrigens das Unwort des Jahres 2010. Wir dürfen diesem Mumpitz nicht huldigen. Wir müssen aus dem kapitalistischen Gedankengefängnis, dessen Mauern inzwischen sehr dick geworden sind, ausbrechen. Der Kapitalismus ist nicht »alternativlos«. Wir sollten dem Kapitalismus nicht nur den Zeige-, sondern auch den Mittelfinger zeigen. Und die geballte Faust. »Actions speak louder than words.« Radikal und kriminell sind weniger die Kapitalismuskritiker (wie die Mainstream-Medien gerne schreiben), sondern vielmehr die Kapitalisten selbst.

Der Kapitalismus ist von Menschen gemacht, und deshalb kann er auch von Menschen überwunden werden. Zumindest theoretisch. Vielleicht kommt er dann in der Praxis, der kommende Aufstand. Vielleicht. Denn eines ist gewiss: Entweder stirbt der Kapitalismus oder wir.

---

1 Zitiert nach Britta Waldschmidt-Nelson, *Martin Luther King – Malcolm X*, Frankfurt am Main 2000, S. 142.

2 Jörg Gerke, »Strukturwandel. Die neuen Großgrundbesitzer«, in: Heinrich-Böll-Stiftung u. a. (Hg.), *Bodenatlas*, Berlin 2015, S. 28 f.

3 Eduardo Galeano, *Die offenen Adern Lateinamerikas*, Wuppertal 2009.

4 Einen guten Überblick bietet der Sammelband *Wirtschaft zum Glück. Solidarisch arbeiten heute, weltweit*, hrsg. von Bettina Dyttrich und Pit Wuhrer, Zürich 2012.

5 Erich Mühsam, »Abrechnung«, in: ders., *Das seid ihr Hunde wert!*, Berlin 2014, S. 179–182, hier S. 182.

6 Antonio Negri und Michael Hardt, *Demokratie! Wofür wir kämpfen*, Frankfurt am Main 2013; Subcomandante Marcos, *Botschaften aus dem Lakandonischen Urwald*, Hamburg 2005; Abdullah Öcalan, *Jenseits von Staat, Macht und Gewalt*, Neuss 2010; Murray Bookchin, *Die nächste Revolution*, Münster 2015; Rosa Luxemburg, *Gesammelte Werke*, 6 Bände, Berlin 2014.

7 George Herbert Mead, *Moments of Thought in the Nineteenth Century*, Chicago 1936, S. 29.

8 Karl Marx, »Lohn, Preis und Profit«, in: MEW, Bd. 16, S. 152.

9 B. Traven, *Das Totenschiff*, Zürich 1983, S. 104.

10 Subcomandante Marcos, *Kassensturz*, Hamburg 2009, S. 34 f.

11 Ilija Trojanow, »Freiheit, Skepsis, Totenkopf«, in: ders. (Hg.), *Anarchistische Welten*, Hamburg 2012, S. 5–22, hier S. 12.

Quellen und Literatur zum Weiterlesen

Bücher

Günther Anders, *Die Antiquiertheit des Menschen,* Bd. 2, München 2002.

Armen Avanessian (Hg.), *#Akzeleration,* Berlin 2013.

Norbert Blüm, *Ehrliche Arbeit,* Gütersloh 2011.

Heinrich-Böll-Stiftung u. a. (Hg.), *Bodenatlas,* Berlin 2015.

Heinrich-Böll-Stiftung u. a. (Hg.), *Kohleatlas,* Berlin 2015.

Luc Boltanski und Ève Chiapello, *Der neue Geist des Kapitalismus,* Konstanz 2003.

Murray Bookchin, *Die nächste Revolution,* Münster 2015.

Bertolt Brecht, *Ausgewählte Werke in sechs Bänden,* Frankfurt am Main 1997.

Robert Brenner, *The Economics of Global Turbulence,* New York 2006.

Erik Brynjolfsson und Andrew McAfee, *The Second Machine,* Kulmbach 2014.

Christoph Butterwegge, *Hartz IV und die Folgen,* Weinheim 2015.

Peter Carlson, *Roughneck. The Life and Times of Big Bill Haywood,* New York 1983.

Tyler Cowen, *Average is Over,* New York 2014.

Jean de Crèvecoeur, *Letters from an American Farmer and Other Essays,* Cambridge 2013.

Dietmar Dath, *Klassenkampf im Dunkeln,* Hamburg 2014.

Daniel Dettling, »Freiheit statt Kapitalismus?«, in: Daniel Dettling und Max von Bismarck (Hg.), *Marke D,* Opladen 2003.

John Dinges, *The Condor Years,* New York 2005.

Jutta Ditfurth, *Worum es geht,* Berlin 2012.

David Charles Douglas und Harry Rothwell (Hg.), *English Historical Documents, 1189–1327,* London 1995.

Bettina Dyttrich und Pit Wuhrer (Hg.), *Wirtschaft zum Glück. Solidarisch arbeiten heute, weltweit,* Zürich 2012.

Stephen Emmott, *Zehn Milliarden,* Berlin 2013.

Tim Engartner, »Privatisierung und Liberalisierung. Strategien zur Selbstentmachtung des öffentlichen Sektors«, in: Christoph Butterwegge u. a., *Kritik des Neoliberalismus,* Wiesbaden 2007.

Martin Ford, *Rise of the Robots,* New York 2015.

William Forster Lloyd, *Two Lectures on the Checks to Population,* Oxford 1833.

Michel Foucault, *Die Ordnung der Dinge,* Frankfurt am Main 1974.

James K. Galbraith, *Wachstum neu denken. Was die Wirtschaft aus den Krisen lernen muss,* Zürich 2016.

Eduardo Galeano, *Die offenen Adern Lateinamerikas,* Wuppertal 2009.

Balthasar Glättli und Pierre-Alain Niklaus (Hg.), *Die unheimlichen Ökologen,* Zürich 2014.

Emma Goldman, »Was ich denke«, in: dies., *Anarchismus und andere Essays,* Münster 2013.

David Graeber, *Schulden. Die ersten 5000 Jahre,* München 2014.

David Graeber, *Bürokratie,* Stuttgart 2016.

Gustav Hartz, *Irrwege der deutschen Sozialpolitik und der Weg zur sozialen Freiheit,* Berlin 1928.

Gustav Hartz, *Neue Wege der Sozialpolitik,* Langensalza 1929.

Ulrich Horstmann, *Zurück zur sozialen Marktwirtschaft!,* München 2014.

Chris Humphrey. *The Politics of Carnival. Festive Misrule in Medieval England,* Manchester 2001.

Fredric Jameson, *Spätmarxismus. Adorno oder die Beharrlichkeit der Dialektik,* Berlin 1991.

Immanuel Kant, »Idee zu einer allgemeinen Geschichte in weltbürgerlicher Sicht«, in: ders., *Akademie-Ausgabe,* Bd. 8, Berlin 1966 f.

Naomi Klein, *Die Schock-Strategie,* Frankfurt am Main 2007.

Marc-Uwe Kling, *Die Känguru-Chroniken,* Berlin 2009.

Gruppe Krisis, *Manifest gegen die Arbeit,* Erlangen 1999.

Benjamin Kunkel, *Utopie oder Untergang,* Berlin 2014.

Constanze Kurz und Frank Rieger, *Arbeitsfrei,* München 2013.

Robert Kurz, *Schwarzbuch Kapitalismus,* Frankfurt am Main 2003.

Robert Kurz, *Marx lesen!,* Frankfurt am Main 2007.

Kurt Langbein, *Landraub,* Wals bei Salzburg 2015.

Peter Linebaugh, *The Magna Carta Manifesto,* Berkeley 2009.

John Locke, *Zwei Abhandlungen über die Regierung,* Frankfurt am Main 1977.

Rosa Luxemburg, *Gesammelte Werke,* 6 Bände, Berlin 2014.

Hans Jonas, *Das Prinzip Verantwortung,* Frankfurt am Main 1984.

Charles Mackay, *Zeichen und Wunder. Aus den Annalen des Wahns,* Frankfurt am Main 1992.

Thomas Robert Malthus, *Eine Abhandlung über das Bevölkerungsgesetz,* Jena 1925.

Subcomandante Marcos, *Botschaften aus dem Lakandonischen Urwald,* Hamburg 2005.

Subcomandante Marcos, *Kassensturz,* Hamburg 2009.

Karl Marx und Friedrich Engels, »Das Kapital«, in: *Marx-Engels-Werke,* Berlin 1956–1990.

George Herbert Mead, *Moments of Thought in the Nineteenth Century,* Chicago 1936.

Stefan Mekiffer, *Warum eigentlich genug Geld für alle da ist,* München 2016.

Philip Mirowski, *Untote leben länger,* Berlin 2015.

Erich Mühsam, *Das seid ihr Hunde wert!,* Berlin 2014.

Antonio Negri und Michael Hardt, *Demokratie! Wofür wir kämpfen,* Frankfurt am Main 2013.

Friedrich Nietzsche, *Also sprach Zarathustra,* Berlin / New York 1988.

Abdullah Öcalan, *Jenseits von Staat, Macht und Gewalt,* Neuss 2010.

Elinor Ostrom, *Governing the Commons,* Cambridge 1990.

Raj Patel, *Was kostet die Welt?,* München 2010.

Laurie Penny, *Fleischmarkt,* Hamburg 2013.

Laurie Penny, *Unsagbare Dinge,* Hamburg 2015.

Thomas Piketty, *Das Kapital im 21. Jahrhundert,* München 2014.

Platon, *Politeia,* Darmstadt 2005.

Karl Polanyi, *The Great Transformation,* Frankfurt am Main 1973.

Jørgen Randers, *2052. Der neue Bericht an den Club of Rome,* München 2012.

Jürgen Reuß und Cosima Dannoritzer, *Kaufen für die Müllhalde,* Freiburg 2013.

Jeremy Rifkin, *Access. Das Verschwinden des Eigentums,* Frankfurt am Main 2000.

Jeremy Rifkin, *Das Ende der Arbeit und ihre Zukunft,* Frankfurt am Main 2004.

Jean-Jacques Rousseau, *Diskurs über den Ursprung und die Grundlagen der Ungleichheit unter den Menschen,* Paderborn 1990.

Hans Joachim Schellnhuber, *Selbstverbrennung,* München 2015.

Joseph Schumpeter, *Theorie der wirtschaftlichen Entwicklung,* Berlin 1912.

Stefan Schridde, *Murks? Nein danke!,* München 2014.

Adam Smith, *Theorie der ethischen Gefühle,* Hamburg 2004.

Patrick Spät, *Und, was machst du so? Fröhliche Streitschrift gegen den Arbeitsfetisch,* Zürich 2014.

B. Traven, *Das Totenschiff,* Zürich 1983.

Ilija Trojanow (Hg.), *Anarchistische Welten,* Hamburg 2012.

Ilija Trojanow, *Der überflüssige Mensch,* St. Pölten 2013.

Jan Urhahn, »Viel Macht in wenigen Händen«, in: Forum Umwelt und Landwirtschaft (Hg.), *Konzernmacht grenzenlos,* Berlin 2015.

Britta Waldschmidt-Nelson, *Martin Luther King – Malcolm X,* Frankfurt am Main 2000.

Simone Weil, *Über die Ursachen von Freiheit und gesellschaftlicher Unterdrückung,* Zürich 2012.

Tim Weiner, *CIA. Die ganze Geschichte,* Frankfurt am Main 2009.

Slavoj Žižek, *Auf verlorenem Posten,* Frankfurt am Main 2009.

Slavoj Žižek, *Ärger im Paradies,* Frankfurt am Main 2015.

Artikel und Interviews

Charles Arthur, »Artificial Intelligence«, in: *The Guardian,* 7. November 2015, www.theguardian.com/business/2015/nov/07/artificial-intelligence-homo-sapiens-split-handful-gods.

Armen Avanessian, »Diese Menschenschwärme«, in: *Die Zeit,* 3. September 2015.

Dana Cordell, Jan-Olof Drangert und Stuart White, »The story of phosphorus: Global food security and food for thought«, in: *Global Environmental Change,* 19, Nr. 2, 2009, S. 292–305.

Dietrich Creutzburg, »Der neue Verteilungskampf«, in: *Frankfurter Allgemeine Zeitung,* 13. Mai 2015.

Diverse Autoren, »Festung Europa: Kosten, Wege und Strukturen«, in: *Der Standard Online,* 18. Juni 2015, www.derstandard.at/2000017367872/Festung-Europa-Kosten-Wege-und-Strukturen.

Carl Benedikt Frey und Michael A. Osborne, »The Future of Employment. How susceptible are jobs to computerization?«, in: *Oxford Martin School,* 17. September 2013, www.oxford-martin.ox.ac.uk/downloads/academic/The_Future_of_Employment.pdf.

Martin Gilens und Benjamin Page, »Testing Theories of American Politics«, in: *Perspectives on Politics,* 12, Nr. 3, 2014, S. 564–581.

Eric Lipton, »Half of Congress Members Are Millionaires, Report Says«, in: *The New York Times,* 10. Januar 2014.

Cesare Marchetti, »10^{12}: A Check on the Earth-Carrying Capacity for Man«, in: *Energy,* 4, 1979, S. 1107–1117.

John Markoff, »Smarter Than You Think«, in: *The New York Times,* 4. März 2011.

Safa Motesharrei, »Human and nature dynamics (HANDY)«, in: *Ecological Economics,* 101, 2014, S. 90–102.

Shalini Randeria, »Überzählig sind immer die Anderen«, in: *Neue Zürcher Zeitung,* 29. April 2013.

Frank Rieger, »Roboter müssen unsere Rente sichern«, in: *Frankfurter Allgemeine Zeitung,* 18. Mai 2012.

Florian Rötzer, »Mehr als ein Drittel der offenen Stellen werden als Leiharbeit angeboten«, in: Telepolis, 21. Oktober 2014, www.heise.de/tp/artikel/43/43122/1.html.

Ben Stein, »In Class Warfare, Guess Which Class Is Winning«, in: *The New York Times,* 26. November 2006.

Heather Stuart, »Robot Revolution«, in: *The Guardian,* 5. November 2015, www.theguardian.com/technology/2015/nov/05/robot-revolution-rise-machines-could-displace-third-of-uk-jobs.

Ilija Trojanow, »Wie überflüssig sind Sie?«, in: *Die Presse,* 9. März 2013.

Marlies Uken, »Europas Megatrawler auf Beutezug vor Afrika«, in: *Zeit Online,* 2. April 2012.

Ashlee Vance, »This Tech Bubble is Different«, in: *Businessweek,* 14. April 2011, www.businessweek.com/magazine/content/11_17/b4225060960537.htm.

Joseph Vogl, »Eine gute Geschäftsidee«, in: *Der Freitag,* 9. Oktober 2014.

Graeme Wood, »Secret Fears of the Super-Rich«, in: *The Atlantic,* April 2011.

Brigitte Zarzer, »Land Grabbing in Europa«, in: *Telepolis*, 3. Dezember 2015, www.heise.de/tp/artikel/46/46724/1.html.

Jean Ziegler, »Wir lassen sie verhungern«, Interview, 9. Oktober 2012, www.bpb.de/dialog/145727/wir-lassen-sie-verhungern-interview-mit-jean-ziegler.

Studien und Reports

Capgemini und RBC Wealth Management, »World Wealth Report«, www.worldwealthreport.com.

Alisha Coleman-Jensen u. a., »Household Food Security in the United States in 2013«, in: *Economic Research Report*, Nr. 173, September 2014, www.ers.usda.gov/publications/err-economic-research-report/err173.aspx.

Deutsches Institut für Wirtschaft (Hg.), »A Wealth Tax on the Rich to bring down Public Debt. Revenue and Distributional Effects of a Capital Lewy«, www.diw.de/documents/publikationen/73/diw_01.c.378111.de/diw_sp0397.pdf.

Deutsches Institut für Wirtschaft, Pressemitteilung, 11. Februar 2015, www.diw.de/de/diw_01.c.496861.de/themen_nachrichten/neue_schaetzungen_des_diw_berlin_das_reichste_prozent_der_deutschen_besitzt_mehr_als_30_prozent_des_privatvermoegens.html.

Diverse Autoren, »The Migrants' Files«, www.themigrantsfiles.com.

Freie Universität Berlin, »Studie: Linksextreme Einstellungen sind weitverbreitet«, www.fu-berlin.de/presse/informationen/fup/2015/fup_15_044-studie-linksextremismus/index.html.

IBM, Pressemitteilung, 22. Oktober 2015, www.ibm.com/news/ch/de/2015/10/22/ibm_swissre_announcement.html.

ILO, »World Employment and Social Outlook: Trends 2015«, www.ilo.org/global/research/global-reports/weso/2015/WCMS_337069/lang--en/index.htm.

ING-DiBa, »Die Roboter kommen«, 30. April 2015, www.ing-diba.de/pdf/ueber-uns/presse/publikationen/ing-diba-economic-research-die-roboter-kommen.pdf.

INKOTA, »Factsheet zur Côte d'Ivoire – Kakao-Weltmeister aus Westafrika«, www.inkota.de/aktuell/news/vom/24/nov/2015/factsheet-zur-cote-divoire-kakao-weltmeister-aus-westafrika.

Institut für Arbeitsmarkt- und Berufsforschung, Pressemitteilung, 25. Juli 2013, www.iab.de/de/informationsservice/presse/presseinformationen/kb1513.aspx.

National Centers for Environmental Information, www.ncdc.noaa.gov.

National Security Archive, nsarchive.gwu.edu/news/20001113.

National Security Study Memorandum 200, 10. Dezember 1974, pdf.usaid.gov/pdf_docs/PCAAB500.pdf.

Oxfam, »An Economy for the 1%«, www.oxf.am/Znhx.

Stiftung Weltbevölkerung, www.weltbevoelkerung.de/meta/whats-your-number.html.

UNFPA, »State of World Population 2009«, www.unfpa.org/publications/state-world-population-2009.

UNICEF, Pressemitteilung, 28. Oktober 2014, www.unicef.org/media/media_76447.html.

Der Autor

Patrick Spät,
geboren 1982, Studium der Philosophie, Soziologie und Literaturgeschichte in Mannheim, Leipzig und Freiburg. 2010 Promotion in Philosophie an der Universität Freiburg. Spät lebt als freier Autor und Journalist (u. a. für *Telepolis, Spektrum der Wissenschaft* und *Zeit Online*) in Berlin. Im Rotpunktverlag erschienen: *Und, was machst du so? Fröhliche Streitschrift gegen den Arbeitsfetisch* (3. Auflage 2016).